Sulaiman Masomi

Poetry Slam – Eine orale Kultur zwischen Tradition und Moderne

Sulaiman Masomi

Poetry Slam – Eine orale Kultur zwischen Tradition und Moderne

Lektora

Lektora, Paderborn

Erste Auflage 2012

Lektora GmbH
Karlstraße 56
33098 Paderborn
Tel.: 05251 6886809
Fax: 05251 6886815

Druck: Bookpress.eu, Olsztyn
Coverdesign: Sulaiman Masomi/Ludger Stücke
Layout Inhalt: Lektora GmbH, Paderborn
Lektorat: Lektora GmbH, Carina Middel

Printed in Poland

ISBN: 978-3-938470-84-8

Kommentar: Einleitung vor der Einleitung

Nachdem ich meine Magisterarbeit fertig gestellt hatte, habe ich den gesamten Text mehrere Monate nicht mehr gelesen bzw. mich nicht mehr damit beschäftigt. Jeder, der eine Magister-, Doktor- oder Diplomarbeit geschrieben hat, kann sehr gut nachvollziehen, dass man nach monatelanger und zuweilen täglich zwölfstündiger Schreib- und Recherchearbeit und der anschließenden Vollendung erst mal einen großen Bogen um die Arbeit macht, welche teilweise zu einem unüberwindbaren Hindernis, wenn nicht zu einem bösartigen Erzfeind, geworden ist. Als ich mitten in der Endphase der Magisterarbeitsproduktion in der Bibliothek an einem Aushang vorbeiging, konnte ich die schiere Verzweiflung in dessen Text förmlich greifen. Einem Studenten wurde sein Laptop in der Bibliothek gestohlen. Auf diesem befand sich die fast vollendete Diplomarbeit und die Sicherheitskopien waren auf einem USB-Stick, welcher sich zu dem Zeitpunkt am Laptop befand. Der Aushang war ein verzweifelter Appell an den Dieb, seinen USB-Stick irgendwo an der Uni für ihn abzugeben, damit seine monatelange Arbeit nicht umsonst war. Ich war schockiert und würde diese Situation nicht mal meinem ärgsten Feind wünschen und ich erstellte an dem Tag mehrere Sicherheitskopien, damit mir so etwas nicht passierte.
Als ich meine Note bekam und mein Professor mir riet, die Magisterarbeit zu veröffentlichen, fühlte ich mich geschmeichelt, aber es graute mir auch ein wenig davor, mich wieder mit der ganzen Materie wissenschaftlich auseinanderzusetzen. Gerade bei diesem Thema, welches mir als Poetry-Slam-Aktivist sehr am Herzen liegt, fiel mir teilweise die wissenschaftliche, objektive Herangehensweise schwer. Poetry Slam war ein viel zu großer Teil meines Lebens geworden, als dass ich nicht meine subjektive Meinung und meine praktische Erfahrung in diese Arbeit würde einfließen lassen wollen. Mir gefällt das Spiel mit der Sprache und darum mag ich es auch, dass der letzte Satz mit vier Verben endet. So etwas ist fast nur in der deutschen Sprache möglich. Jedoch ist die Sprache der Wissenschaft eine archaische Landschaft, in der nur ausgewähl-

te und normierte Sprachpflanzen blühen dürfen. Als ich mich nun entschied, diese Magisterarbeit zusammen mit dem Lektora Verlag zu veröffentlichen, beschloss ich, eine neue Form zu wählen. Ich würde die Kapitel meiner Magisterarbeit mit meiner Meinung vor- bzw. nachkommentieren. Diese Vorgehensweise ermöglicht meiner Meinung nach den höchsten Mehrwert, entspannt die Lektüre und bringt teilweise den wissenschaftlichen Text mit praktischen Beispielen auf den Punkt.

Inhalt

1 Einleitung

Wenn man das Begriffspaar „Poetry Slam“ bei der Google-Suche eintippt, ergibt das 1.200.000 Ergebnisse (Stand: 13. Mai 2010). Poetry Slam ist aus einer kleinen Subkultur herausgewachsen und hat inzwischen den Mainstream erreicht. Es ist Teil der Popkultur und des öffentlichen Lebens geworden. Die Printmedien, das Fernsehen und der Rundfunk berichten darüber, in Abiturprüfungen werden Texte von deutschen Akteuren der Poetry-Slam-Szene verwendet, Tausende im ganzen Land versuchen sich in Slamworkshops und fast alle Poetry Slams sind deutschlandweit ausverkauft. Ich schreibe diese Magisterarbeit in einer Zeit, in der Poetry Slam einen nicht zu erwartenden Hype erfährt. Wenn man die gegenwärtige Euphorie und den Zuspruch jedoch mit der wissenschaftlichen Auseinandersetzung zum Bereich Poetry Slam vergleicht, wird eine klaffende Lücke bemerkbar: Das Phänomen Poetry Slam hat die Wissenschaft noch nicht erreicht. Es wurden bisher keine ausgereiften Theorien publiziert, die sich explizit mit diesem Gegenstand befassen. Die vorhandene Sekundärliteratur zu diesem Thema ist an zwei Händen abzuzählen und nicht immer qualitativ zufrieden stellend.

Ursprünglich hatte ich vor, Slamtexte auf ihre Wirkung zu analysieren, jedoch wurde mir schnell klar, dass dies ohne eine Theorie des Sachverhaltes nicht möglich ist. Deshalb habe ich beschlossen, eine möglichst umfassende Theorie über den Gegenstand Poetry Slam zu erstellen, indem ich neben den literaturwissenschaftlichen auch relevante Publikationen aus der Soziologie, den Medien- und Theaterwissenschaften zur Evaluation des Sachverhaltes heranzog. Bei einem derartig „frischen“ Thema bleibt es nicht aus, dass man unentdecktes Terrain betritt, was zwar teilweise die Arbeit erschwert, sie jedoch auch spannend macht, da man das Gefühl hat, ein wenig wissenschaftliche Pionierarbeit zu leisten. Als einem der bekannten Akteure der deutschen Slamszene stellte die Arbeit für mich eine doppelte Herausforderung dar. Man erwartet viel von sich selbst und versucht dabei nicht subjektiv vorzugehen.

Ich kann subjektiv sagen, dass ich mir meine Objektivität für diese Arbeit bewahrt habe und dass ich, wenn ich in der folgenden Arbeit eine Meinung vertrete, diese auch wissenschaftlich begründe.

Kommentar zu Kap. 2

Als ich im Wintersemester 2000/2001 mein Studium in Paderborn begann, hatte ich eine illusionäre Vorstellung vom studentischen Leben in dieser Stadt. Ich dachte, es würde überall Lesezirkel, offene Bühnen und wilde Shows geben, an denen man partizipieren kann. Außer einer regelmäßig stattfindenden Kneipenlesung, bei welcher zu vorgegebenen Themen Texte und Geschichten von bereits publizierten Autoren vorgetragen wurden, gab es in Paderborn keine öffentlichen Lesebühnen, geschweige denn eine Slamkultur, wie es schon in einigen anderen Großstädten wie München, Düsseldorf oder vor allem in Berlin seit vielen Jahren der Fall war und ist.

Anfangs war ich enttäuscht und kompensierte meinen sprachlichen Geltungsdrang, indem ich mit Gleichgesinnten Rapstücke schrieb und produzierte. Da ich aber immer noch eine Möglichkeit suchte, meine Kurzgeschichten vorzulesen und mich mit anderen Schreibinteressierten auszutauschen, hatte ich die Idee, eine eigene Lesebühne zu gründen. Da ich im Unipub arbeitete und dieser auch abends bis 24 Uhr geöffnet ist, beschloss ich, dort eine Lesebühne zu veranstalten. Ich nannte sie Lyriker Lounge. Bei einem Kaffee an der Uni erzählte ich einigen Freunden von meiner Idee und bekam viel Zustimmung. Bei dieser Gruppe saß auch ein mir nicht sonderlich bekanntes Mädchen dabei. Nachdem ich meinen Freunden von der Idee erzählt hatte, nahm ich mir fest vor, diese auch umzusetzen, aber ich schob die Organisation immer wieder vor mir her und bekam auf gut Deutsch den „Arsch nicht hoch".

Nach einem Dreivierteljahr Leerlauf, ohne etwas bezüglich der Lyriker Lounge getan zu haben, traf ich das Mädchen, welches ich nicht so gut kannte und welches mit am Tisch saß, als ich meinen Freunden vor knapp einem Jahr von meinem großen Plan berichtet hatte, zufällig in der Uni und sie fragte mich, was aus der Lesung geworden wäre. Ich sagte, bisher noch nichts, und wich ein wenig aus, bis sie sagte, dass sie sich schon gedacht hätte, es wäre nur heiße Luft gewesen und ich hätte nur geredet. Ich war ein wenig verdutzt und fühlte mich vor den Kopf gestoßen, schließlich kannte ich sie kaum und sie kritisierte mich ziemlich hart. Das Ärgerliche war: Sie hatte Recht. Bisher hatte ich nur geredet und nichts getan, und als sie mich in dem Moment damit konfrontierte, konnte ich es nicht eingestehen und log. Ich sagte, es wäre keine heiße Luft gewesen und sie hätte mich gerade falsch verstanden. Die Organisation sei im vollen Gange und die erste Lyriker Lounge fände nächsten Monat statt. Man müsse nur noch einen genauen Termin ausmachen und ein paar Dinge regeln und das Ding würde steigen. Sie guckte skeptisch und sagte, sie wäre dann mal gespannt.

Ich war ein wenig überrascht von mir selbst, da ich sonst eigentlich kein Problem damit habe, zuzugeben, wenn ich was verbockt habe. Da ich jetzt aber unter Zugzwang war, um meine „Ehre" zu retten, begann ich, die Lesung innerhalb kürzester Zeit zu organisieren. An jedes schwarze Brett in der Uni brachte ich Aushänge an, um Poeten für die erste Lesung zu finden, ich überzeugte meinen Chef vom Pub von meinem Vorhaben, blockte einen Termin im Pub, erstellte die Plakate und hing sie auf, besorgte eine Anlage aus dem AStA und schrieb Texte. Ich tat alles Notwendige, um eine Lesung ins Rollen zu bringen. Mein Kumpel Stefan Freundlieb half mir dabei.

Als ich in der Woche vor dem Event an der Uni Flyer für die Lyriker Lounge *verteilte, traf ich das „Kritik-Mädchen" wieder und drückte ihr ganz beiläufig einen Flyer in die Hand. Das war mein heimlicher Moment des Triumphes. Ich hatte es ihr gezeigt und in Wirklichkeit war ich ihr im Nachhinein auch nie böse wegen ihrer Kritik. Eigentlich muss ich ihr danken, denn ohne sie hätte ich mich vielleicht erst ein Jahr später oder gar nicht dazu aufgerafft, die* Lyriker Lounge *zu starten, welche auch meinen Einstieg in die Slamwelt maßgeblich vorbereitete.*

Die Veranstaltung war kostenlos und es war rappelvoll. Ich bin heutzutage nur noch sehr selten aufgeregt bei Auftritten, aber an dem Tag war ich ziemlich nervös, da alles meine Idee war. Die Nervosität löste sich jedoch im Laufe der Veranstaltung in Wohlgefallen auf, da sich viele gute Leute gemeldet hatten, welche die Zuhörer mit ihren Texten gut unterhielten. Darunter war auch Martin

Richter, welcher in den laufenden Jahren, nachdem Stefan Freundlieb sein Studium abgeschlossen hatte und nach Hamburg gezogen war, mit mir zusammen die Organisation übernahm.

Ich hatte bis dato von dem Phänomen Poetry Slam nicht sehr viel mitbekommen und war, als ich mich das erste Mal damit beschäftigte, auch nicht so begeistert, in einem Wettbewerb gegen andere Poeten anzutreten. Ich hatte Vorurteile und verband mit Poetry Slam hauptsächlich eine Zurschaustellung bzw. eine öffentliche Demütigung vieler Poeten, welche nicht so gut beim Publikum ankamen. Die Noten stellten für mich den Grad des Selbstwertgefühls der Poeten dar. Wenn ein Poet nur zwei Punkte bekam, weil sein Text nicht ankam oder weil er zu nervös war und die Performance verbockte, so ging er meiner Meinung nach auch mit zwei Punkten Selbstwert aus seiner Veranstaltung heraus. Diese Praxis deckte sich nicht mit meinem Bild vom richtigen Umgang mit öffentlicher Literatur.

Ich änderte meine Meinung aber, als ich an meinem ersten Slam teilnahm. Unter der Leitung von Karsten Strack und den Bielefelder Poeten und Moderatoren Mischa-Sarim Verollet und Markus Freise wurde der erste Poetry Slam in Paderborn im Raum für Kunst veranstaltet. Da ich ziemlich übernächtigt von einem Rapauftritt aus Emden wiederkam, wollte ich erst gar nicht mehr hingehen, bis mich Martin anrief und mich daran erinnerte, dass ich ihm versprochen hatte, mit ihm gemeinsam teilzunehmen. Also ging ich hin, kam zwar viel zu spät an, konnte aber noch in der zweiten Runde mitmachen. Es war ziemlich voll, und da auch schon gestandene Slammer aus anderen Städten angereist waren, war auch das Niveau ziemlich gut. Es machte mir Spaß, ihrer Wortakrobatik zuzuhören, und ich war stellenweise beeindruckt von der Vielfalt und Souveränität der Texte. Ich hatte nur einen Text dabei und dieser war viel zu lang. Ich las ihn trotzdem vor und brach ihn nach Ablauf der Zeit einfach ab. Der Text kam bis dahin sehr gut an und ich wurde ins Finale gewählt und dort las ich den Rest vor. Ich gewann im Finale meinen ersten Slam gegen Martin und fand verständlicherweise Gefallen daran, mich bejubeln zu lassen. Sofort bekam ich die Mechanismen des Netzwerkes zu spüren, denn ich kam mit den Slammern ins Gespräch und tauschte mich mit ihnen aus. Bei meiner ersten Sololesung traf ich dann Tobi Kunze aus Hannover, der schon von mir gehört hatte und mir vorschlug, am nächsten Tag nach Bochum zu einem Slam zu fahren. Ich gewann auch diesen Slam und lernte den Organisator des Slams, Sebastian 23, kennen. So ging es dann weiter und ich wurde in kürzester Zeit rumgereicht und etablierte meinen Namen in der Slamszene.

2 Grundlegende Dimensionen des Phänomens Poetry Slam

In den folgenden Abschnitten skizziere ich die grundlegenden Dimensionen des Poetry Slams. Dabei stehen insbesondere die Entstehungsgeschichte sowie Ablauf und Regelwerk im Fokus der Betrachtung.

2.1 Entstehungsgeschichte des Poetry Slams

Der Begründer und Wortschöpfer des Poetry Slams ist der Performance-Poet und ehemalige Bauarbeiter Marc Kelly Smith. Er wollte dem Publikum eine Form der Poesie vermitteln, welche aus seiner eigenen Mitte entspringt und es emotional berührt. Die ersten Poesieabende organisierte er 1985 in der Chicagoer Bar *Get me high lounge*, wo die poetischen Stücke noch von einer Jazzband untermalt wurden[1]. Hier gründete er auch das Performance-Poetry-Team unter dem Namen *Chicago Poetry Ensemble*. Dies war praktisch das erste *Slamteam*[2] überhaupt. Da die Kapazitäten in der *Get me high lounge* nicht ausreichten, zog Smith 1986 in den *Green Mill Jazz Club* um und entwarf ein Programm für eine wöchentliche Show.[3]

Die Show bestand aus drei Teilen[4]:

1 Vgl. Bylanzky, Ko: Die unvollendete Geschichte des Poetry-Slams in Zahlen und Fakten – von den Anfängen bis heute. In: Böttcher, Bas: Die Poetry-Slam-Expedition. Braunschweig: Schroedel Verlag 2009, S. 106–121. Die folgenden, nicht anders gekennzeichneten Daten und Fakten beziehen sich auf diese Schrift.

2 Der Begriff *Slamteam* ist die Bezeichnung für mehrere Poeten (ab zwei Poeten), welche ihre Stücke gemeinsam schreiben und aufführen. Ein bekanntes deutsches Beispiel ist das Slamteam *Smaat* (siehe www.smaat.de).

3 Vgl. Preckwitz, Boris: Spoken Word & Poetry Slam. Kleine Schriften zur Interaktionsästhetik. Wien: Passagen Verlag 2005, S. 35.

4 Vgl. Westermayr, Stefanie: Poetry Slam in Deutschland. Theorie und Praxis einer multimedialen Kunstform. Marburg: Tectum Verlag 2004, S. 16 f.

Der erste Block war eine *Open-Mic-Session*, bei der jeder, der sich rechtzeitig angemeldet hatte, die Möglichkeit bekam, seine Texte vor dem Publikum vorzutragen.

Der zweite Block setzte sich aus geladenen Gästen, meistens aus verschiedensten Teilen der USA, zusammen.

Zum Abschluss trat dann immer das *Chicago Poetry Ensemble* auf und beendete die Show.

Da das *Chicago Poetry Ensemble* nicht jede Woche Zeit hatte, ein neues Stück einzustudieren, erfand Smith das Format des Poetry Slams, welches alle zwei Wochen den dritten Block des Abends füllte, damit dem *Chicago Poetry Ensemble* mehr Zeit zur Bearbeitung der Stücke blieb. Poetry Slam wurde eigentlich als Lückenfüller erfunden. Nach kurzer Zeit aber entpuppte sich der sogenannte *Uptown Poetry Slam* als Publikumsmagnet und wurde zum Hauptereignis der wöchentlichen Show. Der Slam entwickelte sich in Chicago zu einem lokalen Ereignis mit durchgehend ausverkauften Vorstellungen. 1989 weckte das Poetry-Slam-Konzept das Interesse von Bob Holman, welcher Miguel Algarin zur Neueröffnung des *Nuyorican Poets Cafe* in New York ermunterte.[5] Der Poetry Slam wurde auch hier zum Publikumsmagnet des neu eröffneten Cafés. Das Konzept des Poetry Slams verbreitete sich allmählich in den USA und schon 1990 fand auch der erste *National Poetry Slam*[6] in San Francisco statt. An diesem *National Poetry Slam* nahmen nur Autoren aus Chicago, New York und San Francisco teil.

1991 wurde der Musiksender *MTV* auf das neue Format Poetry Slam aufmerksam und es entstand *MTV Poetry Unpulgged*, bei dem erstmals Slampoeten mit ihren Stücken im Fernsehen auftraten. 1991 nahmen in Chicago beim zweiten *National Poetry Slam* der USA schon acht Städte teil und der dritte Nationalslam folgte 1992 in Boston, mit inzwischen siebzehn Teilnehmerstädten.

Das Veranstaltungsformat Poetry Slam expandierte ab 1993 weltweit. Es fanden erste Slams in Finnland und Schweden statt

5 Vgl. ebd., S. 19.

6 *National Poetry Slam* ist die Bezeichnung für die US-amerikanischen Meisterschaften.

und Paul O'Neil veranstaltete den ersten Slam Großbritanniens in London.

In Deutschland waren es zwei Amerikaner, die den ersten Slam ausrichteten. Priscilla Be und Rik Maverik lebten in Berlin und initiierten den ersten deutschsprachigen Slam im *Ex 'n Pop*, dessen Organisation Wolf Hogekamp übernahm.[7]

Wolf Hogekamp beschreibt den Übergang von einer wilden Lesung zum Poetry Slam folgendermaßen:

> Manche haben Rückseiten von Chipstüten vorgelesen und es war halt total lustig – und was man aber merkte, war, dass das Interesse an so 'ner Art Dichterhappening nicht abriss und wir haben das im ersten Jahr jede Woche gemacht und es wurde immer voller und immer voller. Und irgendwann kam ein Amerikaner und meinte, es gibt 'nen Format, Poetry Slam, und die haben 'ne Jury – dann haben wir das auch gemacht mit der Jury und ab da war eigentlich so das Format gefunden. Poetry Slam. Und das war wohl auch die ersten anderthalb Jahre, ich hab fast jedes Mal auch mitgemacht und war tatsächlich in den ersten anderthalb Jahren auch der Einzige, der 'nen deutschen Text gemacht hat. Das war schon sehr bizarr, aber das war auch unmittelbar nach der Maueröffnung und was ich ziemlich geil fand, war, dass da auch plötzlich aus allen möglichen Löchern der Stadt, also sowohl Ost wie West, Leute ankamen, die da auch lesen wollten.[8]

Das Eventformat Poetry Slam sieht sich in Deutschland einer anderen Gesellschaft gegenüber als in den USA. Dort wurde und wird Poetry Slam zu einem großen Teil von den Außenseitern der Gesellschaft als Sprachrohr und zur Vermittlung ihrer Botschaften genutzt.[9] Schwarze, Latinos, Arme, Homosexuelle und andere Vertreter von ethnischen, sozialen oder sexuellen Minderheiten finden beim Poetry Slam die Möglichkeit, ihrer Situation, ihren Nöten und den alltäglichen Gefühlen in kreativer Form Ausdruck zu verleihen.

7 Vgl. Preckwitz, Boris: Spoken Word & Poetry Slam, S. 39.
8 Interview mit Wolf Hogekamp (12. Februar 2010, Berlin).
9 Vgl. Preckwitz, Boris: Spoken Word & Poetry Slam, S. 33.

Marc Kelly Smiths Motivation speiste sich aus der Förderung von Toleranz und der Herstellung sozialer, kultureller und politischer Gleichstellung innerhalb der Gesellschaft. Beim Poetry Slam fanden die Randgruppen ein Publikum, welches auch bereit war, ihnen zuzuhören und gegebenenfalls auch zuzujubeln. Es ist deshalb nicht ungewöhnlich, dass viele Vertreter der amerikanischen Slamszene aus dem *Spoken-Word*-Bereich und aus der *Hip-Hop*-Szene kamen und diese Bühne für die Vorführung ihrer Kunst nutzten.[10]

Als der Poetry Slam in den 90er Jahren in Deutschland initiiert wurde, waren die sozialen Unterschiede innerhalb der Bevölkerung weniger gravierend als in den USA. Poetry Slam traf in Deutschland auf eine Mittelstandsgesellschaft, die vorher weder durch *Spoken-Word*-Performance noch durch die *Hip-Hop*-Tradition geprägt worden war.

Während in den USA eine gewisse Homogenität des Stils vorherrschte, wurde auf deutschen Bühnen jegliche Form der Dichtkunst ausprobiert. Vor allem Kurzgeschichten und Gedichte in vielfältigster Form, aber auch *Dada*, *Spoken Word*, *Lautpoesie* etc. wurden enthusiastisch vorgetragen.[11] Viele *Slammer*[12] der ersten Stunde kamen aus der *Social-Beat*-Szene[13].

Heutzutage hat sich Poetry Slam in der kulturellen Landschaft Deutschlands etabliert und die Akteure nutzen sie als Werbefläche für ihr eigenes künstlerisches Schaffen und einige können dadurch ihren Lebensunterhalt verdienen. In den Anfangszeiten war dies jedoch nicht der Fall: Lediglich durch das Engagement aller Beteiligten und ihrer Leidenschaft zur Bühnenpoesie konnte Poetry Slam zu dem werden, was er heute ist.

Nach der Ausrichtung des ersten Slams in Berlin breitete sich das Prinzip des Slams in anderen Großstädten wie München, Hamburg und Düsseldorf aus. Die Slammer begannen sich untereinander

10 Vgl. Westermayr, Stefanie: Poetry Slam in Deutschland, S. 20.

11 Vgl. Poetry Slam. Was die Mikrofone halten. Poesie für das neue Jahrtausend. Hg. v. Ko Bylanzky und Rayl Patzak. Riedstadt: Ariel-Verlag 2000.

12 *Slammer* ist die szeneninterne Bezeichnung für einen oder mehrere Poeten im Bereich des Poetry Slam. Eine weibliche Poetin heißt *Slammerin.*

13 *Social Beat* ist eine Literaturbewegung aus den 80er und 90er Jahren. Vgl. hierzu Westermayr, Stefanie: Poetry Slam in Deutschland, S. 24 f.

ander auszutauschen, bereisten Slams in anderen Städten und begeisterten immer mehr Menschen für dieses Veranstaltungsformat. 1997 fand der erste offizielle *deutschsprachige National Poetry Slam* in Berlin statt. Es reisten Teams aus München, Hamburg, Düsseldorf und Berlin an. Hamburg wurde der erste Teamchampion und den Einzelsieg konnte der Rap-Poet Bas Böttcher verbuchen. Inzwischen gibt es in ganz Deutschland weit über hundert Slams und eine nicht genau bezifferbare Anzahl von Fans, die sich dieser Kunstform sowohl verbunden fühlen als auch damit auseinandersetzen. Beim *German International Poetry Slam (GIPS)* 2010 im Ruhrgebiet traten 24 Teams und ca. 100 Einzelpoeten[14] gegeneinander an. Vor jedem stattfindenden *National*[15] treffen sich die *Slammaster* zum sogenannten *Slammastermeeting* und entscheiden dort demokratisch, wer den übernächsten (in zwei Jahren stattfindenden) *National* ausrichten darf.

Die Bewerberstädte stellen sich bei dieser Versammlung vor, und wer die meisten Stimmen bekommt, darf den Slam ausrichten. Die Ausrichterstadt entscheidet, wie viele Teilnehmer im Team- und Einzelwettbewerb maximal zugelassen werden, und legt die Zulassungsbedingungen fest.

Üblicherweise darf jeder Slam[16] einer Stadt entweder einen oder zwei *Slammer* und Teams nominieren. In den letzten Jahren gab es zudem auch die Möglichkeit, über eine *wildcard*[17] am *National* teilzunehmen. Das Interesse bei den Zuschauern und Teilnehmern ist inzwischen so groß, dass die Ausrichtung des *Nationals* logistisches Können und das Mitwirken vieler, größtenteils freiwilliger

14 Weitere Informationen zum *GIPS* 2010 im Ruhrgebiet erhält man auch auf www.slam2010.de.

15 *National* ist die in der Szene übliche Kurzbezeichnung für den *GIPS*.

16 Es dürfen nur Slams Poeten nominieren, die auch oft genug veranstaltet worden sind. Wie viele Veranstaltungen das sein müssen, differiert von Jahr zu Jahr und wird von den Organisatoren der Ausrichterstadt entschieden.

17 Um eine *wildcard* zu bekommen, musste man seine Siege oder Zweitplatzierungen in der jeweiligen Slamsaison (der Zeitraum von einem zum anderen *National*) auf einer offiziellen Internetseite der Ausrichter eintragen und bekam dafür Punkte. Die 20 *Slammer* mit den meisten Punkten durften dann auch am *GIPS* teilnehmen

Helfer erfordert, um die passenden Vorbereitungen zu treffen und um einen reibungslosen Ablauf der Veranstaltung zu garantieren.

2.2 Regeln und Ablauf

Die Grundregeln eines Poetry Slams sind sehr einfach:

- Der Poet muss den Text selbst verfasst haben.
- Gesangseinlagen sind nur in einem kurzen Zeitrahmen erlaubt.
- Es gibt ein Zeitlimit.
- Es dürfen keine Hilfsmittel[18], wie zum Beispiel jegliche Form von Requisiten oder Kostümierungen, verwendet werden.
- Das Publikum bewertet die Darbietung.

Wie lange gelesen werden darf – in der Regel sind es zwischen fünf und sieben Minuten – und in welcher Form das Publikum den Vortrag bewertet, liegt im Ermessen der *Slammaster*.[19] Oft sind die *Slammaster* gleichzeitig die Moderatoren. Diese sorgen für den dramaturgischen Ablauf des Events. Sie weisen vor jedem Slam das Publikum ein, bestimmen die Jury und losen die Reihenfolge der *Slammer* aus. Da sich das Publikum noch nicht „warm gehört" hat, sehen viele *Slammer* den ersten Startplatz als problematisch an. Es wird daher bei den meisten Slams ein *Opferlamm*[20] verwendet, um dem ersten *Slammer* im Startfeld bessere Chancen zu ermöglichen und um als Richtwert bei einer Juryabstimmung fungieren zu

18 Die einzigen Hilfsmittel, die man bei einem Slam benutzen darf, sind ein Mikrofon und ein Textblatt.

19 *Slammaster* ist die szeneninterne Bezeichnung für den Organisator des jeweiligen Poetry Slams.

20 Die Bezeichnung *Opferlamm* ist der szenenintern gängige Begriff für den oder die Poeten, die außerhalb des Wettbewerbs zur Einstimmung des Publikums antreten. Viele Slams laden sich extra sogenannte *featured poets* ein, um damit als Rahmenprogramm vor dem eigentlichen Wettbewerb und nach den Pausen das Publikum zu unterhalten. Die Bezeichnung *sacrifice* ist der in der amerikanischen Slamszene gängige Begriff und das Pendant zu der deutschen Bezeichnung *Opferlamm*.

können. Oft sind die Moderatoren selbst *Slammer* und übernehmen den Part des *Opferlamms*.

Wie viele Runden der Slam hat, ist regional unterschiedlich. Die am häufigsten vertretene Variante setzt sich aus einer Vorrunde mit zwei oder drei Gruppen und dem Finale, in dem die Gewinner der Vorrundengruppen gegeneinander antreten, zusammen. Dieses Prozedere ist nur ein Beispiel und keine bindende Vorgabe, denn viele Slams wählen unterschiedliche Veranstaltungsmodi.

So halten verschiedene Slams insgesamt nur eine Runde ab[21] oder lassen die *Slammer* im K.-O.-System[22] gegeneinander antreten.[23] Auch gibt es Slams, wo penibel auf die Einhaltung der vorgegebenen Vortragszeit geachtet wird, und andere, wo den Akteuren, je nach Belieben, oder motiviert durch den *Slammaster* oder das Aufbegehren des Publikums, eine extra Lesezeit von ca. einer Minute eingeräumt wird. Die Entscheidung über die Form der Bewertung liegt ebenfalls in den Händen der Veranstalter und unterscheidet sich von Slam zu Slam. So gibt es Slams,

- die einer willkürlich ausgesuchten Jury aus dem Publikum Notenzettel zur Bewertung[24] der *slam pieces*[25] geben – in der Re-

21 Z. B. beim *Macht Worte Slam* in Hannover wird nur eine Runde abgehalten. Die Zuschauer bewerten am Ende aller Vorträge den Text und die Performanz mit Noten von Null bis Zehn, welche sie auf spezielle Stimmzettel schreiben. Meistens wird von den Veranstaltern des *Macht Worte Slams* ein großes Teilnehmerfeld zugelassen (auch über 12 Personen), da es kein Finale gibt.

22 Beim K.-O.-System treten acht Poeten gegeneinander an. Es gibt insgesamt drei Runden, in denen jeweils ein Poet gegen einen anderen Poeten antritt. Nach dem Vortrag der Poeten jeder einzelnen Paarung entscheidet das Publikum durch die Applauslautstärke, welcher Poet in die nächste Runde einzieht und welcher Poet aus dem Wettbewerb ausscheidet. So reduziert sich das Teilnehmerfeld von acht auf vier Poeten, bis im Finale nur noch zwei Poeten gegeneinander antreten.

23 Z. B. verwenden die Slams in Zürich oder Winterthur diese Variante.

24 Ein Beispiel für diese Art der Bewertung ist der *Tatwort Slam* in Münster (www.tatwortimnetz.de) oder der schon erwähnte *Macht Worte Slam* in Hannover (www.kamalatta-kamalatta.de).

25 Der Begriff *slam piece* kommt aus dem amerikanischen Sprachraum und wird dort szenenintern und teilweise auch in Deutschland als Bezeichnung für die bei einem Slam vorgetragenen Stücke bzw. Texte verwendet.

gel sind das Noten von null (für einen schlechten Vortrag) bis zehn (für einen sehr guten Vortrag),
- die den Gewinner über die Lautstärke des Applauses bestimmen[26],
- die jedem einzelnen Zuhörer einen Wertungszettel zum Benoten oder einen symbolischen Gegenstand[27] zum Abstimmen geben
- die in Vorrunde und Finale mehrere Bewertungsmöglichkeiten kombinieren.

Der Phantasie der Veranstalter sind bei der Benotung keine Grenzen gesetzt. Wichtig ist aber, dass sie das Publikum bzw. die willkürlich ausgewählten Zuschauer in die Bewertung der Vortragenden mit einbeziehen. Ansonsten sind die Regeln des Veranstaltungsformats Poetry Slam in Bezug auf das Bewertungssystem flexibel. Es gibt keinen Dachverband, der das Einhalten der slamspezifischen Regeln kontrolliert und dann dem Slam die Lizenz entziehen könnte.

Die Slamszene und ihre Vertreter kontrollieren und regulieren sich selbst. Falls ein Slam die Regeln missachtet, spricht sich das in der *Slamcommunity* herum und viele *Slammer* werden sich weigern, diesen Slam weiter mit ihren Texten zu bereichern. Dadurch wird dem jeweiligen Slam Qualität entzogen, sein Ruf innerhalb der Szene leidet und das Publikum bleibt der Veranstaltung immer häufiger fern. Der Gemeinschaftsgedanke spielt in der Slamszene eine große Rolle, denn man ist aus mehreren Gründen auf gegenseitige Unterstützung angewiesen: Zum einen dienen die Kontakte innerhalb der Slamszene dazu, mehr Auftritte zu bekommen, zum anderen kann man durch geschickte Planung der Auftrittstermine die Anreisekosten minimieren. So ist es den Veranstaltern möglich,

26 Die Bestimmung des Gewinners durch die Applauslautstärke ist die gängigste Art der Künstlerbewertung bei den meisten Slams im deutschsprachigen Raum.

27 Beim *Bonner Rosenkrieg* (www.rosenkrieg-bonn.de) bekommt jeder Zuschauer eine Rose und bei der *Darmstädter Dichterschlacht* (www.dichterschlacht.de) erhält jeder Zuschauer einen Dichtungsring. Die Zuschauer können die symbolischen Gegenstände dann bei der Abstimmung ihrem Lieblingspoeten geben. Der Poet mit den meisten Rosen bzw. Dichtungsringen gewinnt den Slam.

ein diversifiziertes, variables Teilnehmerfeld und Mehreinnahmen zu garantieren. Durch den regen Gedankenaustausch bei den Slams, innerhalb der *Slamily*[28] und in anderen Internetforen[29] werden Neuigkeiten verbreitet und Auftrittsmöglichkeiten angefragt bzw. angeboten.

Da das Eventformat Poetry Slam bewusst nicht lizenziert ist, bedarf es keiner Genehmigung oder einer Erlaubnis, um einen Slam zu veranstalten. Wer will, kann ein Mikrofon in eine Garage stellen und einen Slam ausrufen. Meistens finden Slams in Kneipen, Veranstaltungsräumen oder Kulturzentren statt, in denen getrunken werden kann und früher auch geraucht werden durfte. Mit der raschen Verbreitung des Veranstaltungsformats Poetry Slam professionalisierte sich der Slambetrieb und brachte seine eigenen Stars hervor. Diese anerkannten *Slammer* werden oft zu speziellen *Slam Revues*[30] eingeladen, an denen nur geladene *Slammer* teilnehmen. Meistens werden den eingeladenen *Slammern* nur die Fahrtkosten erstattet, jedoch hat sich Poetry Slam inzwischen in vielen Städten bei der Bevölkerung als kulturelles Event etabliert. Manche Poetry Slams füllen in einigen Städten die Schauspielhäuser[31] und können dementsprechend auch höhere Eintrittskosten verlangen. Die *Slammer* bekommen bei solch großen Events eine Aufwandsentschädigung, welche von Slam zu Slam je nach Region unterschiedlich hoch ausfällt. Ob Zuschauer oder Lesewillige erscheinen, resultiert aus dem Geschick der jeweiligen Veranstalter. Sie stehen vor der Aufgabe, einen guten Veranstaltungsraum zu finden, die Fahrtkosten und die Schlafplätze der *Slammer* bereitzustellen, die Werbetrommel zu rühren, den Modus und Ablauf der Veranstaltung zu bestimmen und den Slam zu moderieren.

28 Die Summe aller aktiven Akteure im Slambereich wird szenenintern als *Slamily* bezeichnet, was eine Konkatenation der beiden Begriffe *Slam* und *family* ist.

29 Vgl. Preckwitz, Boris: Spoken Word & Poetry Slam, S. 27.

30 Bei einer *Slam Revue* besteht keine offene Liste und nur eingeladene *Slammer* dürfen teilnehmen.

31 Ein Beispiel hierfür ist das *Kampf-der-Künste*-Jahresfinale im Hamburger Schauspielhaus. Hier treten alle Monatsgewinner der Slams im *Zeise*-Kino vor ca. 1.700 Zuschauern gegeneinander an.

Die beste Werbung für einen Slam ist die Mundpropaganda. Viele Zuschauer, die ein Slam begeistert hat, erzählen es ihren Freunden und nehmen sie beim nächsten Mal mit. Dass die Mundpropaganda trotz aller medialen Werbeträger wie das Internet, Flyer oder Plakate immer noch die beste Werbung für den nächsten Slam ist, stellt schon fast eine ironisch anmutende Koinzidenz für ein solch orales Phänomen wie den Poetry Slam dar und verweist gleichzeitig auf eins der grundlegenden Merkmale des Poetry Slams, nämlich: die Oralität.

Kommentar zu Kap. 3

Das Eventformat Poetry Slam ist perfekt an die moderne Zeit angepasst. Es bezieht seine Stärke aus drei grundlegenden Ideen: Netzwerk, Wettbewerb und Partizipation. Das Netzwerk stellt die strukturelle Basis. Die freundschaftlichen und geschäftlichen Verknüpfungen, welche innerhalb der Slamszene unter den Akteuren bestehen, ermöglichen qualitativ hochwertige Veranstaltungen unter minimalem Aufwand und geringen Kosten. Jeder, der sich an gewisse Regeln hält und das Netzwerk im Bereich Poetry Slam bereichert, wird in die Community integriert. Natürlich wird hier und da untereinander mal darüber gestritten, was genau eine Bereicherung ist oder nicht. Es herrscht aber eine gewisse Schwarmintelligenz innerhalb der Szene, welche meistens einen allgemeingültigen Konsens bewirkt. Es ist interessant, wenn so viele hochbegabte und intelligente Individualisten ein fruchtbares Kollektiv ausmachen, weil dadurch immer wieder neue Impulse entstehen. Dies können neue Veranstaltungsformate oder das klassische Verfassen eines Romans sein. Das macht sich besonders durch die vielen grenzübergreifenden Projekte bemerkbar. Viele Slammer machen Musik oder experimentieren mit anderen Künstlern, um ihr künstlerisches Potenzial auszureizen. Slam ist perfekt an die Medienwelt angepasst. Viele Slaminteressierte posten Videoaufnahmen von Slammern wie Musikvideos bei facebook oder teilen Zitate in ihren Profilen. Da die Texte meistens unter fünf Minuten lang sind und es durch die teilweise reduzierte, prägnante Sprache viele zitierfähige Stellen gibt, welche hohen Punchlinecharakter haben, ist der mediale Konsum von Slamliteratur in der gegenwärtigen, schnelllebigen Internetwelt hoch attraktiv. Die Oralität erlebt in der Gegenwart eine Renaissance. Gerade durch die fortschreitende technische Entwicklung wird die Oralität wieder möglich gemacht. Während man in den Anfangszeiten des Internets nur chatten konnte, ist jetzt der Videochat per skype etwas völlig Normales. Sich mündlich zu unterhalten ist ja auch etwas Natürliches und verlangt keine großen Abstraktionen, wohingegen sich viele scheuen, einen Brief zu schreiben. Für mich gibt es keine Hierarchie oder ein bevorzugtes Leitmedium. Ob ein orales oder schriftliches Medium angebracht ist, hängt von der Situation ab. Ich finde, beides hat seinen Platz und seinen Wert.

3 Die medienwissenschaftliche Dimension von Poetry Slam – Oralität und Literalität

Zwischen der Entstehung neuer Medien und dem gesellschaftlichen Wandel besteht eine nicht zu übersehende Korrelation. Der Medienwandel kann als Teil und Ausdruck, als Folge oder als Ursache gesellschaftlichen Wandels begriffen werden.[32] Es stellt sich somit die Frage, inwieweit das Phänomen Poetry Slam als Symptom oder Zeichen einer Gesellschaft fungiert, welche durch die Prozesse der medientechnischen Vergangenheit und Gegenwart zu einem gewissen Anteil determiniert wird[33] und sich somit wieder auf orale Werte besinnt. Um dies zu klären, ist es erforderlich, das theoretische Spannungsverhältnis zwischen Oralität und Literalität in der Entwicklungsgeschichte des Abendlandes kurz darzulegen.

Als die Griechen vor rund 4.000 Jahren das Phönizische Alphabet, welches nur aus Konsonanten bestand, durch das Hinzufügen der Vokale zu dem von uns heute bekannten Alphabet erweiterten, leiteten sie eine Epoche ein, welche die gesamte westliche Zivilisation prägen sollte bzw. in ihrer heute bestehenden Form erst ermöglichte.[34] Für die meisten Menschen, deren Wesen und Sprache durch den selbstverständlichen Umgang mit der Schrift geprägt wurde, scheint die Präsenz dieser Kulturtechnik ein natürlicher Zustand zu sein. Dabei war die gesellschaftliche Durchsetzung der Schrift als anerkanntes Kommunikationsmittel gebunden an die Herausbildung sozialer Institutionen wie Schulen, Verlage

32 Vgl. Krotz, Friedrich: Zivilisationsprozess und Mediatisierung: Zum Zusammenhang von Medien- und Gesellschaftswandel. In: Medienentwicklung und gesellschaftlicher Wandel. Hg. v. Markus Behmer, Friedrich Krotz, Rudolf Stöber, Carsten Winter. Wiesbaden: Westdeutscher Verlag 2003, S. 15.

33 Vgl. Hickethier, Knut: Gibt es ein medientechnisches Apriori? Technikdeterminismus und Medienkonfiguration in historischen Prozessen. In: Medienentwicklung und gesellschaftlicher Wandel. Hg. v. Markus Behmer, Friedrich Krotz, Rudolf Stöber, Carsten Winter. Wiesbaden: Westdeutscher Verlag 2003, S. 39 f.

34 Vgl. Havelock, Eric A.: Als die Muse schreiben lernte. Frankfurt am Main: Verlag Anton Hain 1992, S. 104 f.

etc.[35] und ein besonderer Vorgang in der Zivilisationsgeschichte der Menschheit, was Ong unterstreicht:

> In der Tat ist Sprache so vorherrschend oral, daß nur rund 106 der vielen tausend – vielleicht zehntausend – Sprachen, die die Menschheitsgeschichte hervorbrachte, in einer Weise das Schreiben beherrschten, die die Entwicklung einer Literatur ermöglichte. Die meisten Sprachen sind nie geschrieben worden.[36]

Inwiefern hat uns die Schrift, auf deren Errungenschaften nahezu unsere gesamte heutige Zivilisation beruht, geprägt und verändert?

In seinem Werk „Gutenberg-Galaxis" teilt Marshall McLuhan die Zivilisationsgeschichte der Menschheit in vier Phasen ein. Die erste Phase wird dominiert durch den Klang und das gesprochene Wort. Das Ohr wird zum wichtigsten Sinnesorgan, um Informationen zu erlangen. Bräuche, Sitten und Traditionen werden von Generation zu Generation mündlich überliefert und der Körper bzw. das Gedächtnis jedes Einzelnen ist das einzige Speichermedium.

Nachdem sich die Schrift etabliert hatte, leitete sie die zweite Phase, die Zeit des handgeschriebenen Buches oder die sogenannte Manuskriptkultur, ein. Keiner der Sinne dominiert in dieser Phase. Die Texte werden zwar mit den Augen gelesen, jedoch liest man sie laut vor. Man hört beim Lesen seine eigene Stimme und die schriftlich fixierte Sprache somit auch mit den Ohren.

Mit der Erfindung des Buchdrucks entsteht die dritte Phase, welche von McLuhan buchtitelgebend die „Gutenberg-Galaxis" genannt wird: In dieser Phase beugt sich die einstige Vorherrschaft des Ohres der „Tyrannei" des Auges.[37] Der Buchdruck ermöglicht

35 Vgl. Schmidt, Siegfried J.: Medienentwicklung und gesellschaftlicher Wandel. In: Medienentwicklung und gesellschaftlicher Wandel. Hg. v. Markus Behmer, Friedrich Krotz, Rudolf Stöber, Carsten Winter. Wiesbaden: Westdeutscher Verlag 2003, S. 136.

36 Ong, Walter J.: Oralität und Literalität. Die Technologisierung des Wortes. Opladen: Westdeutscher Verlag 1987, S. 15.

37 Vgl. McLuhan, Marshall: Die Gutenberg-Galaxis: das Ende des Buchzeitalters. Bonn, Paris, Reading. Mass. [u. a.]: Addison – Wesley 1995, S. 34 f.

– im Zuge der Entstehung und Ausbreitung des Bildungsbürgertums – einer wachsenden Bevölkerungsmenge, an Informationen zu gelangen bzw. sie einfach und schnell zu verbreiten. Das 20. Jahrhundert stellt, laut McLuhan, den Übergang der „Gutenberg-Galaxis“ in das elektronische Zeitalter dar. Das nach innen gewandte Leitmedium Schrift bekommt Konkurrenz durch neue Medien wie den Rundfunk, das Fernsehen, den Computer und somit auch das Internet.

Das Ohr wird durch die neuen Medien aus seiner Isolation befreit und durch informative und unterhaltende Medien gefordert, wie McLuhan ausführt:

> Außerdem beginnen wir zu ahnen, was wir von der Buchdruck-Technik hinsichtlich einer Verminderung der oralen Eigenschaften zu erwarten haben. Heute, im elektronischen Zeitalter, können wir verstehen, warum die besonderen Eigenschaften der Buchdruckkultur immer mehr an Wirksamkeit verlieren und warum es bei der sprachlichen Gestaltung zu einer Neubelebung der oralen und auditiven Werte kommt.[38]

Mit dem Einsetzen des Elektronikzeitalters werden den Menschen und Wissenschaftlern im 20. Jahrhundert die Gegensätze, Implikationen und Folgen im Spannungsverhältnis zwischen Literalität und Oralität immer mehr bewusst.

> Der Antrieb, über den Unterschied zwischen gesprochenem und geschriebenem Wort und über den möglicherweise komplizierten Zusammenhang zwischen den beiden nachzudenken, brauchte einen Auslöser. Den bot eine bestimmte Art der Erfahrung, die der Begegnung mit dem Phänomen des kulturellen Zusammenpralls von oralem Akt und Schreibakt entsprang. In unseren Tagen kam es zu diesem Zusammenprall in Form des Aufeinandertreffens von elektronischem Ton und geschriebenem Wort, Hören und Lesen. Unsere technologisch geprägte Kultur hat diesen Zusammenprall aus sich heraus erzeugt.[39]

38 Ebd., S. 135.
39 Havelock, Eric A.: Als die Muse schreiben lernte, S. 63.

Trotz aller gegenwärtiger Kritik an den neuen Medien[40], welche das aktive Lesen gegenüber dem passiven Fernsehkonsum präferiert, muss man den audiovisuellen Medien laut McLuhan eine wiedererlangte, gleichberechtigte Beanspruchung der Sinne Auge und Ohr zugestehen.

Obwohl die Ägypter die Schrift als sicheres Gedächtnismedium, welches ihren Verewigungstendenzen entgegenkam, anpriesen[41], war bereits in der Antike eine kritische Haltung gegenüber dem neuen Medium der Schrift bekannt. So schreibt Jack Goody auf Platons Schriftkritik in Phaidros[42] verweisend:

> Schließlich muß man Platons Vorbehalte gegenüber der Schrift auch im Zusammenhang damit sehen, daß die griechische – wie die römische – Kultur das gesprochene Wort aufgrund seiner lebendigeren Qualität dem geschriebenen vorzieht.[43]

Platons Kritik an dem neuen Medium Schrift bezieht sich aber nicht nur auf die fehlende Lebendigkeit, sondern vor allem auf die fortschreitende Vernachlässigung der eigenen Gedächtnisleistung.[44]

Die ironische, zeitgenössische Redewendung „Wissen heißt, wissen, wo es steht" versinnbildlicht die Verlagerung von Informationen aus dem Speichermedium Gehirn in das Speichermedium Schrift. Die Strukturierung der frühesten Dichtungen der Antike in Hexametern, wie in Homers „Ilias" oder „Odyssee", hatte nicht nur ästhetische Gründe, sondern auch eine praktische Funktion.[45] Durch die rhythmische Anordnung der Verse waren sie leichter zu

40 Vgl. Schmidt, Siegfried J.: Medienentwicklung und gesellschaftlicher Wandel, S. 146.

41 Vgl. Assmann, Aleida: Erinnerungsräume – Formen und Wandlungen des kulturellen Gedächtnisses. München: Verlag C. H. Beck 1999, S. 181.

42 Vgl. ebd., S. 185.

43 Goody, Jack: Literalität in traditionalen Gesellschaften. Frankfurt am Main: Suhrkamp Verlag 1981, S. 80.

44 Vgl. Platon: Phaidros. In: Meisterdialoge. Zürich und München: Artemis Verlag 1974, S. 258–262.

45 Vgl. Havelock, Eric A.: Als die Muse schreiben lernte, S. 102.

memorieren und konnten somit die in ihnen verankerten Gebräuche und Sitten auf unterhaltsame Art und Weise an die nächste Generation weitergeben[46]. Einen Bezug zur Popkultur und zum Poetry Slam stellt Assmann her:

> Was im Gedächtnis aufbewahrt wird, muss regelmäßig in der Wiederholung reaktiviert werden, damit es nicht vergessen wird. Wichtige Anlässe für Wiederholungen stellen in Gedächtniskulturen die Feste dar. Sie bieten den Rahmen für feierliche Inszenierungen der Überlieferung mit virtuosen Performanzen. Die entscheidende Sicherung mündlicher Überlieferung geschieht also nicht (nur) durch das Gedächtnis, sondern gerade auch durch die Aufführung. Mündliche Dichtung, das hat sie mit der Popkultur und der slam poetry gemein, lebt in der Aufführung.[47]

Der Schrift fehlen die Flexibilität und die Variantenvielfalt der mündlichen Dichtung, denn durch die Verschriftlichung der Sprache wird auch der genaue Wortlaut fixiert.[48] Die Kritik der Antike an der neuen Schriftlichkeit bezieht sich aber auch auf die stille Rezeption und Interpretation der Texte, die jeder Leser individuell verschieden und für sich allein vollzieht.

Interaktion, die dialogische Konfrontation mit den Sachverhalten und die belehrenden Anweisungen des Lehrers gehen aus der Sicht der antiken Kritiker bei der Rezeption von schriftlichen Werken verloren. Die Auseinandersetzung mit den Ideen durch den Disput war für eine orale Hochkultur wie die der Griechen vor der Erfindung der Schrift für die Erhaltung der Bildung und des hohen philosophischen Niveaus von sehr hoher Bedeutung:

> Sokrates stand an der Grenze zwischen der oralen Welt und der visuellen, alphabetischen Kultur. Aber er schrieb nichts. Das Mittelalter sah in Plato den bloßen Schrei-

46 Vgl. Kloock, Daniela und Spahr, Angela: Medientheorien. Eine Einführung. München: Wilhelm Fink Verlag 2007, S. 240.

47 Assmann, Aleida: Einführung in die Kulturwissenschaft. 2. Auflage. Berlin: Erich Schmidt Verlag 2008, S. 65.

48 Vgl. ebd., S. 64.

> ber oder Sekretär des Sokrates. Und Thomas von Aquin glaubte, daß weder Sokrates noch Christus ihre Lehre schriftlich festhielten, weil das mündliche Lehren eine Art des geistigen Wechselspiels ermöglicht, das mit Hilfe der Schrift nicht darstellbar ist.[49]

Die Abwesenheit der Stimme und der Betonung, der Mimik und der Gestik[50], aber auch die nicht vorhandene Interaktion und das Fehlen sofortiger gegenseitiger Korrektur entziehen der Rezeption von Schriftstücken zahlreiche Bedeutungsebenen, welche durch die Interpunktion und andere Satzzeichen nicht adäquat ersetzt bzw. repräsentiert werden können. Der Konflikt beim Übergang der oralen zur literalen Kultur äußerte sich auch durch die Problematik der Produktion antiker Bühnenstücke, wie Havelock ausführt:

> Die Texte der überlieferten griechischen Bühnenstücke, und zwar sowohl der tragischen als auch der komischen, tragen zahlreiche Anzeichen eines wichtigen historischen Vorgangs. Singen, Rezitieren und Auswendiglernen einerseits (eine Kombination, die wir unter der Sammelbezeichnung Oralität zusammenfassen können) und Lesen und Schreiben andererseits (Charakteristikum einer auf Texten basierenden, literalen Kultur) gerieten in ein Konkurrenzverhältnis und in Konflikt miteinander.[51]

Im Gegensatz zu einem Buch kann ein Zuschauer die Rezeption eines Livevortrags nicht beenden oder seiner Stimmung anpassen. Er ist dem Vortrag ausgesetzt und die Intensität seiner Rezeption des vorgetragenen Textes ergibt sich aus den vorgegebenen Umständen des Ortes, der allgemeinen Stimmung im Publikum und der performativen Qualität des Akteurs.

Das Spannungsverhältnis zwischen Oralität und Literalität, welches mit dem Einsetzen des Manuskriptzeitalters aufkam, wie-

49 McLuhan: Die Gutenberg-Galaxis, S. 28 f.

50 Vgl. Goffmann, Erving: Verhalten in sozialen Situationen. Strukturen und Regeln der Interaktion im öffentlichen Raum. Gütersloh: Bertelsmann Fachverlag 1971, S. 42.

51 Havelock, Eric A.: Als die Muse schreiben lernte, S. 42.

derholte sich erneut, nachdem sich der Buchdruck in Europa etabliert hatte. Ausgelöst durch die fortschreitende Erkundung der Welt und die damit zwangsläufig einhergehende Konfrontation mit den oralen Stammeskulturen entwickelten sich ein kritisches Bewusstsein und ein Interesse an dem Unterschied zwischen oral und literal geprägten Gesellschaften.[52] Diesen Aspekt kommentiert Ueding:

> Schiller blieb durchaus nicht der einzige, der den Verlust von Mündlichkeit und lebendiger Rede beklagte, die Romantische Schule versuchte auf vielen Wegen, diese Nachteile zu kompensieren: durch die Kultivierung des Gesprächs und der Vorlesekunst, durch Entdeckung und Bewahrung lebendiger Erzähltradition in den unteren Schichten des Volkes und in ländlicher Gegend. Man denke nur an die Erzähler und Erzählerinnen, denen die Märchensammler von Brüdern Grimm bis Wilhelm Busch ihre Schätze verdanken.[53]

Die Bekundungen eines Bedürfnisses nach oralen Werten und oraler Narration äußerten sich ab dem 18. Jahrhundert durch das steigende Interesse der Dichter und Wissenschaftler an diesem Thema. Wie auch das gemeine Volk wollten sie sich mit der oralen Tradition auseinandersetzen, sie praktizieren und die orale Narration, wie z. B. in Form von Märchen[54], auch zu ihrer eigenen Unterhaltung konsumieren.

Die Wiederbelebung der oralen Werte und ihre alltägliche Präsenz in der breiten Masse der Gesellschaft wurden erst durch die mit dem 20. Jahrhundert einhergehenden technischen Neuerungen ausgelöst und katalysierte so die Auseinandersetzung mit ihren Eigenschaften und Folgen für die Gesellschaft. Havelock führt dazu aus:

52 Vgl. ebd, S. 64.

53 Ueding, Gert: Niemand kann ein größerer Redner sein als der Hörer. Über eine Rhetorik des Hörens. In: Über das Hören. Hg. v. Thomas Vogel. Tübingen: Attempto Verlag 1996, S. 60.

54 Vgl. Deutsche Literaturgeschichte. 7. Auflage Hg. v. Wolfgang Beutin. Stuttgart: Metzler Verlag 2008, S. 204 u. S. 208.

> Und nach der zweiten Überlegung mußte sich hinter dem ‚linearen' Bewußtsein unserer Zeit, das der Linearität der Drucktechnik entsprang, ein ‚orales Bewußtsein' ausmachen lassen, das seinen eigenen spezifischen Gesetzmäßigkeiten des Denkens und Fühlens gehorcht und der historischen Vergangenheit angehört, heute aber dank moderner Techniken in der historischen Gegenwart wiederaufersteht.[55]

Der Rundfunk war fast allen Menschen aller sozialen Klassen zugänglich und ermöglichte den Massen, eine Kultur des Zuhörens wiederzuentdecken. Informationen und Unterhaltung konnten nun im Kollektiv und im selben Augenblick rezipiert und erlebt werden. So griff in den 20er Jahren das „Radio-Fieber" um sich.[56] Die Vorzüge der Oralität, nämlich der kollektive Konsum, die authentische Emotionalität, die Interaktion und die zahlreichen Bedeutungsebenen, die einem Text durch die performativen Aspekte der Sprache gegeben werden konnten, wurden jetzt nicht nur von vereinzelten Teilen, sondern von der gesamten Gesellschaft bewusst und unbewusst wahrgenommen, was McLuhan folgendermaßen beschreibt:

> Es scheint, daß die Erweiterung des einen oder anderen unserer Sinne durch ein mechanisches Mittel, wie etwa durch die phonetische Schrift, eine Art Drehung des Kaleidoskops des gesamten Sinnesapparates bewirken kann. Eine neue Kombination, ein neues gegenseitiges Verhältnis der bestehenden Teile kommt zustande, und ein neues Mosaik möglicher Formen zeigt sich dem Blick. Daß eine solche Umlagerung der Sinnesverhältnisse sich bei jedem Beispiel einer veräußerlichten Technik einstellt, kann man heute leicht erkennen. Warum blieb dieser Vorgang früher unbemerkt? Vielleicht weil diese Veränderungen in der Vergangenheit erst nach und nach eintraten. Heute erleben wir gerade in unserer eigenen Welt eine ganze Reihe neuer Techniken. Zudem besitzen wir die Mittel, so viele andere Kulturen zu beobachten, daß wir schon sehr unachtsam sein müssen, um nicht zu erkennen, welche

55 Havelock, Eric A.: Als die Muse schreiben lernte, S. 52 f.

56 Vgl. Diller, Ansgar: Rundfunkgeschichte. In: Was sie über Rundfunk wissen sollten. Hg. v. ARD und ZDF. Mainz: VISTAS Verlag 1997, S. 320.

> Rolle die neuen Informationsmedien bei der Änderung der Stellung und der gegenseitigen Beziehungen unserer Sinne spielen.[57]

Bertolt Brecht kritisiert in seiner Radiotheorie, dass das Radio nur ein Distributionsapparat und kein Kommunikationsapparat sei und dem Zuhörer nur die Rolle des stummen, unbeteiligten Empfängers überlasse, welcher die ihm vorgesetzten Inhalte nicht mitbestimmen könne. So schreibt er: „Ein Mann, der etwas zu sagen hat und keine Zuhörer findet, ist schlimm dran. Noch schlimmer sind Zuhörer dran, die keinen finden, der ihnen etwas zu sagen hat."[58]

Zwar war die Qualität der Inhalte zu Lebzeiten Brechts in seinen Augen nicht hervorstechend und die Kritik an dem Sendemonopol (und den damit verwobenen Verwendungsmöglichkeiten), welches nur einer Handvoll Auserwählten gewährt wurde, durchaus verständlich, jedoch war allein der Akt des Zuhörens, sprich die neue Aktivierung und Beanspruchung des Ohres durch ein völlig neues Medium, ein Ereignis mit wegweisenden Folgen für ein neues Verständnis oraler Werte innerhalb der Gesellschaft des Elektronikzeitalters. Diesen Aspekt führt Havelock in Anlehnung an McLuhan weiter aus:

> Die elektronische Technik, die so ganz und gar akustisch ist, hat nach McLuhan eine nichtlineare, reichere Verständigung und vielleicht – im Anschluß daran – auch Erfahrung wieder eingeführt und Formen neu belebt, die, wie man annehmen muß, existierten, ehe die menschliche Kommunikation dem erstarren machenden Bann der Drucktechnik erlag.[59]

Die Wiederbelebung der Oralität, welche im Zuge des elektronischen Zeitalters einsetzte, war und ist jedoch von anderer Quali-

57 McLuhan: Die Gutenberg-Galaxis, S. 69.

58 Brecht, Bertolt: Radiotheorie. In: Schriften zur Literatur und Kunst. Band 1. Berlin und Weimar: Aufbau-Verlag 1966, S. 130.

59 Havelock, Eric A.: Als die Muse schreiben lernte, S. 51 f.

tät, als die oralen Kulturen sie vor der Erfindung der Schrift empfanden und betrieben. Ong bringt diesen Ansatz auf den Punkt:

> Wie schon gesagt, nenne ich die Oralität einer Kultur, die sich unberührt von jeder Kenntnis des Schreibens oder Druckens entfaltet, „primäre Oralität“. Sie ist „primär“ verglichen mit der „sekundären Oralität“ gegenwärtiger hochtechnisierter Kultur, in der durch Telefon, Radio, Fernsehen, und andere elektronische Finessen eine neue Oralität entstanden ist, die ihre Existenz und ihr Funktionieren der Schrift und dem Drucken verdankt.[60]

Die Gesellschaft des elektronischen Zeitalters ist in jedem Bereich des modernen Lebens auf die Schriftlichkeit angewiesen. Die oralen Möglichkeiten der neuen Medien treffen, laut Havelock, somit auf eine sehr stark literalisierte Gesellschaft, deren literale Prägung zwangsläufig auch die wiederentdeckte Oralität beeinflusst.

> Die elektronischen Medien, denen wir seit dem 1. Weltkrieg lauschen, haben uns allerdings nicht zu jener ursprünglichen Oralität zurückgeführt und hätten das auch nicht gekonnt. Im Umkreis und im Hintergrund der akustischen Botschaft lauert nach wie vor die schriftliche Mitteilung.[61]

Durch die mediale Koexistenz von Literalität und Oralität fallen die Unterschiede bzw. die Stärken und Schwächen beider Kommunikationsformen deutlicher auf. Während der orale Akt Emotionalität, Interaktion und die Herstellung weiterer Bedeutungsebenen bietet, wie er es z. B. durch die Nuancierung der Betonung gewährt, ermöglicht die Schrift eine exaktere Sprache, mit der komplexe Themenbereiche besser erfasst werden können. Beim oralen Akt kann der Empfänger die Rezeptionsgeschwindigkeit nicht beeinflussen, wobei er beim Lesen von Schriftstücken die Rezeptionsgeschwindigkeit selbst bestimmen und seinem inhaltlichen Verständnis anpassen kann.

60 Ong, Walter J.: Oralität und Literalität, S. 18.
61 Havelock, Eric A.: Als die Muse schreiben lernte, S. 61.

> Die Distanz, die durch das Schreiben entsteht, entwickelt eine neue Art von Präzision bei der Verbalisierung, indem sie diese vom reichen, aber oft chaotischen existentiellen Kontext der oralen Darbietung abrückt. Solche Darbietungen können durch ihre Wortgewalt und ihr gemeinschaftliche Weisheit überraschen, sei es als formularische Erzählungen, sei es – kurz und apophtegmatisch – als Sprichwörter. Weisheit jedoch entsteht aus einem totalen und relativ stabilen sozialen Zusammenhang. Oral organisiertes Sprechen und Denken taugt nicht für analytische Präzision.[62]

Für McLuhan ermöglicht die Koexistenz von Oralität und Literalität in der Neuzeit ein aktuelles Bewusstsein für die Merkmale, die Folgen und sozialen Verflechtungen, die der Mensch mit diesen beiden allein stehenden und doch so eng verwobenen Komplexen hat. Ein derart reflektiertes Verhältnis ermöglicht eine bessere Nutzung des Zusammenspiels von oralen und literalen Werten, während ein unreflektierter Umgang der Gesellschaft eine Dominanz der Literalität hervorruft, da die Mitglieder der Gesellschaft vorwiegend durch die Schriftlichkeit als Hauptmedium sozialisiert wurden.

> Ein derartiges Bewußtsein hat in unserer Zeit die Technik des schwebenden Urteils hervorgebracht, die uns erlaubt, die Grenzen unserer eigenen Vorrausetzungen zu überschreiten, indem wir an ihnen Kritik üben. Nun sind wir imstande, nicht bloß amphibisch in getrennten und unterschiedlichen Welten zu leben, sondern pluralistisch in vielen Welten und Kulturen zugleich.[63]

Die Tendenz zur Trennung der Medien im Verlauf der Mediengeschichte weicht im Zuge des Elektronikzeitalters einer fortschreitenden Intermedialität.[64] Die synästhetische Kunstform des Spielfilms ist ein Beispiel für diesen Vorgang. Dieser Prozess wurde durch den technischen Fortschritt und die daraus resultieren-

62 Ong, Walter J.: Oralität und Literalität, S. 105.
63 McLuhan: Die Gutenberg-Galaxis, S. 38.
64 Vgl. Assmann, Aleida: Einführung in die Kulturwissenschaft, S. 88.

den zahlreichen Möglichkeiten der Zeichenträger, sprich der neuen Medien, wie z. B. des Films, ermöglicht. Dazu führt Goody aus:

> Wie viele der oben erwähnten ließe sich auch dieser Punkt sehr viel weiter entfalten und näher bestimmen. So könne man z.B. den Vergleich zwischen nicht-literalen und literalen Kulturen bis zur Gegenwart fortführen, indem man die späteren Entwicklungen von Kommunikationsmedien – vom Buchdruck bis zum Rundfunk, Film und Fernsehen – betrachtet. Alle diese neuen Medien, so darf man vermuten, gewinnen einen Großteil ihrer Wirksamkeit als Instanzen sozialer Orientierung aus der Tatsache, daß sie nicht die abstrakte und vereinzelnde Qualität des Lesens und Schreibens haben, sondern etwas von der Natur und Wirkung der direkten persönlichen Interaktion, die in nicht-literalen Kulturen vorherrscht. Es könnte sogar sein, daß diese neuen Kommunikationsmodi, die Bild und Ton ohne jede räumliche und zeitliche Beschränkung übermitteln, zu einer neuen Kultur führen, einer Kultur, die weniger nach innen gewandt und weniger individualistisch sein dürfte als die literale Kultur und die etwas von der relativen Homogenität der nicht-literalen Gesellschaft haben dürfte.[65]

Ein wesentliches Merkmal der Oralität ist die Unmittelbarkeit, welche bei Poetry Slams besonders deutlich wird. Während die Literalität eine individuelle Textrezeption voraussetzt, können Texte in oraler Form von mehreren Personen gleichzeitig und im selben Moment als Kollektiv aufgenommen werden.[66] Diese Art der gemeinsamen Rezeption löst durch gruppendynamische Prozesse intensive emotionale Reaktionen bei vielen Rezipienten aus, welche sich in Jubel, Schmährufen, Trauer oder anderen emotionalen Zuständen ausdrücken können. Diesen Aspekt beleuchtet auch Sidran:

> Während Papier und Tinte Medien der literate culture darstellen, bedarf die orale orientierte Kultur nicht der

65 Goody, Jack: Literalität in traditionalen Gesellschaften, S. 97.

66 Vgl. Benjamin, Walter: Der Erzähler. In: Gesammelte Schriften. Band 2.2. Hg. v. Rolf Tiedemann. Frankfurt am Main: Suhrkamp Verlag, 1977, S. 456.

> Vermittlungsebene eines oder mehrerer Medien. Die ihr eigene Kommunikationsform beruht auf Unmittelbarkeit. Vorraussetzung für den Kommunikationsakt ist unmittelbare Anwesenheit. Das Medium ist die Botschaft. Der Angehörige der oral culture entwickelt dem Phänomen der Zeit gegenüber folglich ein eigenes Verhältnis. Er ist zu spontanem Verhalten gezwungen, muß in einem Atemzuge zugleich agieren und reagieren. Er steht niemals in intellektueller Distanz zu seiner Umgebung, sondern ist stets emotional in ihr aufgehoben, wenn er kommuniziert. Dies lässt sich mit dem Begriff der actionality, der Orientierung auf Handlung fassen. Das Fehlen einer intellektuellen Distanz ist nach McLuhan verantwortlich für ein hohes Maß an »kollektivem Unbewußtem« und »Kollektivbewußtsein« innerhalb der oral culture.[67]

Das geschriebene Wort ist durch seine Beschaffenheit fixiert und stabil. Ein Buch ist ein in sich geschlossenes Konstrukt, welches durch seinen Druck die Beendigung des Werkes postuliert.

Texte, die mündlich vorgetragen werden, sind jedoch flüchtig und befinden sich in einem stetigen Wandel. Die orale Prägung vieler Texte deutet ihre Wandelbarkeit an und viele Akteure auf den deutschen Poetry-Slam-Bühnen nutzen die Flexibilität ihrer Texte aus, um sie an ein spezielles Publikum bzw. an eine Räumlichkeit anzupassen und spontan zu verändern.

Die westliche Gesellschaft des 20. Jahrhunderts war nicht nur geistig bereit, die Oralität wiederzuentdecken. Ihr wurde durch die technischen und sozialen Umwälzungen auch die Möglichkeit gegeben, Spielformen der Oralität auf künstlerische und nicht-künstlerische Art und Weise umzusetzen. Die Inszenierung des Zuhörens, welche nicht nur das Theater schon seit seiner Entstehung praktizierte, sondern die auch jedes Märchen, das die Oma ihren Enkeln vor dem Schlafengehen erzählt, verdeutlicht, wurde durch Fernsehen, Telefon, Rundfunk und andere technische Hilfsmittel verstärkt.[68] Es gewöhnte die Masse der Gesellschaft wieder an den Akt des Zuhörens und ermöglichte der Oralität bewusst und unbe-

67 Sidran, Ben: Black Talk. Hofheim: Wolke Verlag 1985, S. 29.
68 Vgl. Böttcher, Bas: Die Poetry-Slam-Expedition. Braunschweig: Schroedel Verlag 2009, S. 68.

wusst einen neuen Stellenwert in der Breite der Gesellschaft. Diesen besonderen Stellenwert unterstreicht McLuhan:

> Die Welt der visuellen Perspektive ist nämlich die Welt eines vereinheitlichten und homogenen Raumes. Eine solche Welt ist der mannigfaltigen Resonanz des gesprochenen Wortes fremd. So unterwarf sich denn die Sprachkunst als letzte der visuellen Logik der Gutenberg-Technik, befreite sich aber als erste wieder im elektronischen Zeitalter.[69]

Der Grundstein für jede Interaktion und alle performativen Aspekte beim Poetry Slam ist die Oralität. Wie hoch der Einfluss der durch das elektronische Zeitalter ausgelösten Wiederentdeckung der Oralität auf die gegenwärtige Sprachkunst ist, lässt sich nur schwer ermitteln und würde den Rahmen dieser Magisterarbeit sprengen. Es ist jedoch offensichtlich, dass mit Poetry Slam ein orales Eventformat in einer Zeit entstanden ist, welche stark literal vorgeprägt wurde und im Laufe des Elektronikzeitalters eine orale Kunstform entstehen ließ, die literale Merkmale in sich trägt. Ein Beispiel hierfür ist die Kurzgeschichte, die als Kunstform innerhalb der literalen Gesellschaft entstanden ist und beim Poetry Slam oral aufgeführt wird. Durch ihre zeitliche Kürze entsprechen Slamtexte den standardisierten Zeiteinheiten der Popindustrie. Diese Medienaffinität spiegelt sich in der Verbreitung zahlreicher *Poetry Clips*[70] wider, welche der Bevölkerung auf *youtube* zugänglich sind. Da Poetry Slam eine audiovisuelle Kunstform ist, bieten sich *Poetry Clips* als künstlerische Ergänzung sehr gut an und unterstreichen die performativen Qualitäten der *Slammer* visuell, wie der GIPS-Sieger 2008, Sebastian 23, ausführt:

> […] denn Sprache künstlerisch zu gestalten geht eben nicht nur auf Papier mit abgetippten Texten, sondern hat 'ne ganz andere Qualität, wenn man sie hört, also wenn sie akustisch dargeboten wird und in 'ner Performance

69 McLuhan: Die Gutenberg-Galaxis, S. 170.

70 Wie bei Musikvideos werden auch zu Slam-Stücken Videos gedreht und künstlerisch visualisiert. Vgl. auch www.epoet.de.

> auch noch visuell – und dadurch kommen ganz neue Facetten dazu. [71]

Die Verwicklungen und Folgen, die sich aus dem Spannungsverhältnis zwischen Schriftlichkeit und Mündlichkeit ergaben und welche die Gesellschaft direkt und indirekt beeinflussten, sind grundlegende Faktoren für die medientechnische Sozialisation der Gesellschaft und stellen das Fundament für eine fruchtbare Annahme oraler Dichterwettkämpfe wie des Poetry Slams durch die kulturelle Gemeinschaft dar.

71 Interview mit Sebastian 23 (12. Februar 2010, Berlin).

Kommentar zu Kap. 4

Das Goethe-Institut lud mich im Oktober 2007 nach Kairo ein, um dort Slamworkshops zu geben und um bei verschiedenen Veranstaltungen aufzutreten. Gemeinsam mit Michel Abdollahi aus Hamburg hatte ich eine sehr angenehme und interessante Zeit in Ägypten. Die Ägypter nahmen das Format Poetry Slam begeistert an. Das Verfassen und das gegenseitige Vortragen von Gedichten ist im gesamten arabisch- und persischsprachigen Raum ein gesamtgesellschaftliches Phänomen und wird von jung und alt betrieben. Es ist daher nicht verwunderlich, dass wir nicht viel zu tun hatten bei unseren Workshops, schließlich waren sämtliche Teilnehmer schon fertige Poeten, welche ihre Texte auswendig konnten und mit viel Pathos bzw. performativen Elementen schmückten. Wir mussten praktisch nur noch die Regeln erklären und die Abendveranstaltungen moderieren. Die Idee, mit Gedichten und Texten gegeneinander anzutreten, funktionierte hervorragend. Ohne wirklich von uns animiert werden zu müssen, diskutierten die Zuschauer lautstark über die Texte, bekundeten euphorisch ihr Wohlgefallen bei passablen Textstellen und echauffierten sich vehement bei ungerechten Wertungen der Jury. Das Konzept Poetry Slam ging also perfekt auf. Als wir den Teilnehmern des Workshops im Vorfeld erklärten, dass willkürlich ausgewählte Personen aus dem Publikum die Jury stellen sollten, verstanden es einige Teilnehmer zuerst nicht. „Warum werden nicht Experten ausgewählt, welche die Texte viel besser beurteilen können als irgendwelche Laien aus dem Publikum?“, stand als Frage im Raum. Wir erklärten ihnen, dass es genau darum gehe, vorgegebene institutionelle Hierarchien aufzubrechen, um die Poesie für jedermann zugänglich zu machen. Außerdem gibt es keine universelle Meinung über Poesie bzw. Kunst generell. Jeder findet etwas anderes besser und das Gute daran ist, dass auch alle Recht haben. Man kann Geschmack nicht vorschreiben, aber man kann seinen Geschmack kundtun. Die Zweifler verstanden unsere Argumente und waren damit einverstanden und nach der ersten Show waren sie komplett überzeugt. Sie merkten, welche Dynamik und Spannung im Publikum durch die Partizipation entstehen.

Interessant war in Ägypten auch die politische Dimension der Veranstaltungen, welche im Zuge der nachfolgenden Ereignisse, sprich des arabischen Frühlings, besonders hervorsticht. Sowohl die Slammer als auch die Zuschauer waren begeistert, dass ganz normale Menschen von der Straße die Möglichkeit bekamen, ihre Meinung, sei es auch in lyrischer Form verpackt, äußern zu können.

Eine Bühne zu haben, war in Kairo etwas Besonderes. Normalerweise hatten nur gestandene und allgemein akzeptierte ältere, männliche Dichter eine Bühne, auf der sie ihre Werke vortragen konnten. Um diese Möglichkeiten zu erhalten, musste man sich erst dem System anpassen und seine Meriten verdienen. Man konnte sich nicht einfach einen Abend vorher anmelden und am nächsten Abend auftreten. Bei uns ging es aber. Diese Bühne wurde von den Slammern auch genutzt, um ihre politische Meinung zu äußern. Der Gewinner des Abends trug einen humoristischen Text über einen „Pharao" in seinem Tempel vor. Meine Dolmetscherin erklärte mir, warum: Dieser Text amüsierte das Publikum extrem, da jeder wusste, dass mit dem „Pharao" der inzwischen abgesetzte Herrscher Mubarak gemeint war und hier satirisch aufs Korn genommen wurde.

Wer weiß, vielleicht war dieser Abend der erste Schmetterlingsschlag, der am Ende zu der ägyptischen Revolution und zum Sturz von Mubarak geführt hat. Dies wird zwar nicht der Fall gewesen sein, aber mit meinem als Poeten eigentümlichen Hang zum Ausdenken von Geschichten macht es mir Spaß, mir diese Möglichkeit vorzustellen.

4 Die soziologische Dimension von Poetry Slam

An dieser Stelle erfolgt eine Erörterung der soziologischen Dimensionen des Phänomens Poetry Slam. Explizit wird dabei eingegangen auf die Aspekte leibliche Ko-Präsenz, Performance und Eventcharakter.

4.1 Merkmale und Folgen der leiblichen Ko-Präsenz beim Poetry Slam

Das Event Poetry Slam ist unweigerlich an die performativen Aspekte der dargebotenen Stücke gebunden. Da ein Slam-Text nur als künstlerisch geschlossene Einheit bestehend aus den visuellen und akustischen Aspekten der Performance angesehen werden kann, ist es notwendig – bevor man sich den klassischen Rezeptions-, Werk- und Produktionsästhetiken[72] zuwendet –, die einzelnen Slam-Stücke unter performativen Gesichtspunkten zu beleuchten. Die leibliche Präsenz der Künstler ermöglicht Formen der Interaktion mit den Zuschauern, die eine distanzierte Rezeption von Büchern nicht bieten kann.

Eine Aufführung findet statt, wenn Akteure und Zuschauer sich für eine bestimmte Zeit am selben Ort befinden und eine leibliche Ko-Präsenz zwischen den beiden Parteien entsteht.[73] Bei den klassischen Aufführungen beeinflussen sich die Akteure und Zuschauer gegenseitig, indem die Zuschauer auf ganz verschiedene Arten wie z. B. Klatschen, Buhen, Husten, Gähnen etc. auf die dargebotene Kunst reagieren, was wiederum die Akteure auf der Bühne in ihrem Tun beeinflusst. Dazu erläutert Fischer-Lichte:

72 Vgl. Fischer-Lichte, Erika: Ästhetik des Performativen. Frankfurt am Main: Suhrkamp Verlag 2004, S. 315.

73 Vgl. ebd., S. 58.

> In diesem Sinne lässt sich behaupten, dass die Aufführung von einer selbstbezüglichen und sich permanent verändernden feedback-Schleife hervorgebracht und gesteuert wird. Daher ist ihr Ablauf auch nicht vollständig planbar und vorhersagbar.[74]

Diese Feedback-Schleife wird bei einer Slam-Aufführung enorm gesteigert und instrumentalisiert. Das Publikum wird dazu aufgefordert, seine Emotionen zu äußern – egal, ob es sich in euphorischen Ausbrüchen von Zustimmung ergeht oder mit einem missmutigen Buhen seinen Unmut äußert.

Darüber hinaus wird beim Slam die Stärke des Feedbacks gemessen, um einen Sieger küren zu können.

Die Bewertung des Vortrags durch die Applauslautstärke oder durch die Benotung einer Jury ist ein basaler Bestandteil eines jeden Poetry Slams. Ohne die mehr oder weniger exakte Messung des Feedbacks könnte kein Sieger ermittelt werden. Es würde keine Partizipation des Publikums stattfinden und die Aufführung wäre somit nicht mehr als eine offene Lesung. Die emotionale Teilnahme des Zuschauers wird beim Slam entgegen den Tendenzen des Theaters im späten 18. und 19. Jahrhundert wieder erlaubt und von den Veranstaltern und Akteuren regelrecht gefordert.

> Das späte 18. und das 19. Jahrhundert setzten – außer auf die Literarisierung – auf eine Disziplinierung des Zuschauers. Theatergesetze wurden erlassen, welche störendes und leider häufig ansteckendes »Fehlverhalten« zu unterbinden suchten. Unter Androhung von Strafen wurden Zuspätkommen, Essen und Trinken oder »Gevattergespräche« während der Aufführung untersagt. Die Erfindung der Gasbeleuchtung wurde genutzt, um eine der stärksten Störquellen zu beseitigen: die Sichtbarkeit der Zuschauer für die Schauspieler und vor allem die der Zuschauer untereinander.[75]

74 Ebd., S. 59.
75 Ebd.

Erika Ficher-Lichte führt drei verschiedene Inszenierungsstrategien des Theaters an, um gezielt Reaktionen beim Publikum zu erzeugen. Diese drei Inszenierungsstrategien beziehen sich

> […] (1) auf den Rollenwechsel zwischen Akteuren und Zuschauern, (2) auf die Bildung einer Gemeinschaft zwischen diesen und (3) auf verschiedene Modi der wechselseitigen Berührung, d. h. auf das Verhältnis von Distanz und Nähe, von Öffentlichkeit und Privatheit/Intimität, Blick und Körperkontakt.[76]

Die genannten Inszenierungsstrategien, welche beim Theater durch mehr oder weniger subtile Merkmale (Art und Intensität der Beleuchtung, Bühnenbild, inhaltliche Einbeziehung des Zuschauers in das Stück) eingesetzt werden, sind beim Poetry Slam fester struktureller Bestandteil jeder Show.

Vor jedem Slam werden die Regeln des Abends, die alle drei Inszenierungsstrategien explizit mit einbeziehen, für die Neulinge erklärt. Der Rollenwechsel findet durch die Aufwertung des Publikums als entscheidendes Organ statt. Die Bildung einer Gemeinschaft äußert sich durch die Findung des größtmöglichen Konsenses bei der Benennung des Siegers und die wechselseitige Berührung ereignet sich in dem Moment, in dem sich der Poet aus dem Publikum auf die Bühne und von dieser wieder herunter bewegt. Gerade die flache Hierarchiestruktur, bei der der Poet aus dem Publikum kommend auf die Bühne steigt und nach seinem Stück wieder in ihm aufgeht, unterscheidet sich drastisch von den Lesungen im Rahmen des Hochkulturschemas, wie Sebastian 23 näher ausführt:

> Dieser Gegenwartsaspekt wird natürlich dadurch verstärkt, dass Poetry Slam immer ein offenes Format ist, das heißt, jeder, der möchte, kann im Prinzip auf die Bühne und das gibt immer so das Gefühl, die Leute, die auf die Bühne gehen, sind irgendwelche Leute aus dem Publikum, die jetzt nicht großartig anders sind als die Leute, die im Publikum sitzen und sich das angucken. Die Leute

76 Ebd., S. 62.

> im Publikum haben immer das Gefühl: Da ist einer von uns, der 'ne Geschichte erzählt, das gibt eine ganz direkte Verbindung zwischen Autor oder Slammer und Publikum und die wird eben auch für den Autoren oder eben Slammer dadurch total intensiv fühlbar, dass es direktes Feedback gibt. Nicht nur in den Wertungen, sondern dass du auch die Reaktion des Publikums direkt siehst. Du gibst deinen Text also nicht aus der Hand, sondern hast so einen Rücklauf, merkst direkt, was das Publikum davon hält. Ja, das ist so 'ne Wechselwirkung zwischen Publikum und Auftretenden. [77]

Die Möglichkeit des Zugangs zu einem Publikum für jeden, der Texte verfasst und diese auch vor Menschen vortragen möchte, wird von vielen Akteuren der Slamszene als Demokratisierung des Literaturbetriebes verstanden.

Ein Slamevent ist paradigmatisch für einen gelungenen demokratischen Akt. Dort, wo hochkulturelle Veranstaltungen eher dem einseitig ausgerichteten Sender- und Empfängermodell des Fernsehens entsprechen, bricht Poetry Slam diese Strukturen auf und gleicht eher dem offenen gleichberechtigten Netzsystem des Internets. Über dieses Kommunikationssystem sagt Flusser:

> Grundsätzlich gibt es zwei Kommunikationssysteme: das Netz und den Rundfunk. Im Rundfunksystem ist ein zentraler Sender strahlenförmig und eindeutig (»univok«) mit einer Anzahl von peripheralen Empfängern verbunden. Der Kommunikationsprozeß in solch einem System heißt »Diskurs«. Im Netzsystem ist eine Anzahl von Teilnehmern »bi-univok« so miteinander verbunden, daß alle Beteiligten senden und empfangen können. [78]

Die Bühnenpoeten und die Zuhörer unterliegen keiner hierarchischen Unterteilung. Der Künstler sendet mittels seiner Texte, während er auf der Bühne steht, und gleichzeitig empfängt das Publikum den Text.[79] Durch die Bewertung des Vortrags sendet

77 Interview mit Sebastian 23 (12. Februar 2010, Berlin).
78 Flusser, Vilem: Medienkultur. Frankfurt am Main: Fischer Verlag 1997, S. 117.
79 Vgl. Goffmann, Erving: Verhalten in sozialen Situationen, S. 26.

wiederum das Publikum und der Künstler empfängt eine Wertung. Die Qualität der übermittelten Sendungen zwischen Künstler und Publikum differiert dabei.

Obwohl sich durch die unvermeidliche Bühnenpräsenz eine Vormachtstellung des Künstlers, hervorgerufen durch die Differenz des Sendepotenzials, ergibt, besteht bei einem regulären Slam für jeden Zuschauer die Möglichkeit der aktiven Teilnahme als Künstler, falls er oder sie sich vorher rechtzeitig angemeldet hat. Die Rolle des Zuhörers erläutert Ueding:

> Denn der Zuhörer ist kein passiver Rezipient oder Empfänger eines Redner-Senders, sondern antwortet und reagiert, stimmt zu oder lehnt ab. Von ihm selber, seiner Disposition, seiner Vormeinung und emotionalen »Gestimmtheit« hängt der Erfolg der Überzeugungsabsicht ab, weshalb der Redner ihn auch in eine gewisse »Stimmung« zu versetzen hat.[80]

Die Texte bei Poetry Slams haben in der Regel das Ziel, den Zuhörer von der eigenen Kunstfertigkeit zu überzeugen. Die Möglichkeit der Partizipation als Jury oder als emotional agierender Zuhörer schafft ein Gemeinschaftsgefühl während eines Poetry Slams und macht für viele Zuschauer den Reiz aus, zu einem Slam zu gehen, was Fischer-Lichte mit allgemeinem Bezug auf den Rollenwechsel näher ausführt: „Der Rollenwechsel nicht nur zu einer beliebigen Art von Akteur, sondern zum Mitspieler im »play« stellte die Vorbedingung für den Perspektivenwechsel und damit für das Erleben von Gemeinschaft dar.“[81]

Viele der vorgetragenen Texte entwickeln ihre Intensität erst durch die Verknüpfung mit der Performance. Ihre Qualität wird teilweise nur sichtbar, wenn man sie live hört und sieht. Die private Lektüre der Bühnenstücke ist nicht vergleichbar mit der Rezeption bei einer leiblichen Ko-Präsenz von Literaturkonsument und -produzent, denn diese Texte werden explizit für die Liveperformance geschrieben und bedienen sich performativer Mechanismen, wel-

80 Ueding, Gert: Niemand kann ein größerer Redner sein als der Hörer, S. 55.
81 Fischer-Lichte, Erika: Ästhetik des Performativen, S. 87.

che die Intensität des Vermittelten und somit die Rezeption der Texte für den Zuschauer enorm steigern. Der wichtigste Faktor für eine erhöhte Aufmerksamkeit beim Zuschauer ist die Herstellung von Vergnügen.[82] Sobald der Zuschauer von der Aufführung unterhalten, wenn nicht gefesselt wird, steigert dies seine Konzentration auf die Kunstpräsentation um ein Vielfaches. Auch der Eventcharakter eines Slams baut, wie bei einer Theateraufführung, beim Zuschauer eine innere Spannung auf, welche die Aufmerksamkeit erhöht. Dazu Fischer-Lichte:

> Der Zustand einer permanent erhöhten Aufmerksamkeit, wie ihn die Emergenz der Erscheinungen in Aufführungen bewirken kann, zumindest aber fordert, stellt in der Tat einen nicht-alltäglichen, einen außergewöhnlichen Zustand dar.[83]

Um das Publikum für ihre Text zu begeistern, müssen die Slampoeten Emotionen beim Publikum auslösen. Einen Slam gewinnt meist der Slampoet, der es versteht, die breite Masse des Publikums auf seine Seite zu ziehen. Ein Text, welcher das Publikum emotional fesselt, erhöht das Potenzial der Feedback-Schleife. Wenn das Publikum vom Akteur auf der Bühne emotional berührt wird, steigert sich automatisch die Aufmerksamkeit, womit eine höhere Intensität des Textes garantiert wird. Hat der Slampoet die ungeteilte Aufmerksamkeit des Publikums erreicht, entwickeln sich gruppendynamische Prozesse, welche die Intensität des Auftritts drastisch erhöhen. Wenn 400 Leute gleichzeitig anfangen zu johlen und zu lachen, johlt und lacht auch tendenziell derjenige automatisch mit, welcher gar nicht mitbekommen hat, was der Autor gesagt hat.

Die Person hat die ironische Wendung, die Pointe, die schöne Beschreibung oder den intelligenten Querverweis auf einen beliebigen Sachverhalt zwar gar nicht verstanden, trotzdem wird sie von der Euphorie der Masse mitgerissen. Diese gruppendynamischen

82 Vgl. Shusterman, Richard: Unterhaltung: Eine Frage für die Ästhetik. In: Kulturschutt – über das Recycling von Kulturen. Hg. v. Christoph Jacke, Eva Kimminich, Siegfried J. Schmidt. Bielefeld: Transcript Verlag 2006, S. 88.

83 Fischer-Lichte, Erika: Ästhetik des Performativen, S. 292.

Prozesse übertragen sich auch auf den Bühnenpoeten, denn wenn der Text funktioniert, steigert dies seine Konzentration und Selbstsicherheit und er kann sich erlauben, auf Zwischenrufe zu reagieren oder neue Ideen am Text auszuprobieren.

> Denn die körperlichen Artikulationen, die von anderen Zuschauern oder auch den Akteuren gesehen, gestört, gerochen, oder gespürt werden, rufen bei denen, die sie wahrnehmen, gegebenenfalls wiederum wahrnehmbare Verhaltensweisen und Handlungen hervor und so fort.[84]

Viele Zuschauer kommen zum Slam, um die Texte innerhalb einer Gemeinschaft zu erleben, und gerade diese soziale Dimension des Poerty Slams, bei der Kunst in einer Gemeinschaft erlebt wird, steigert das Vergnügen bei der Rezeption um ein Vielfaches.[85]

Die Folgen von Industrialisierung, Urbanisierung, Demokratisierung, Wohlstand und Bildung haben zu einer fortschreitenden Individualisierung aller Menschen innerhalb der westlichen Gesellschaft geführt.[86] Über die Merkmale der Individualisierung schreibt Schulze:

> Hauptsächlich vier Komponenten machen den Inhalt der Individualisierungsthese gegenwärtig aus: Erstens abnehmende Sichtbarkeit und schwindende Bindungswirkung traditioneller Sozialzusammenhänge (Schicht und Klasse, Verwandtschaft, Nachbarschaft, religiöse Gemeinschaft); zweitens zunehmende Bestimmtheit des Lebenslaufs und der Lebenssituation durch individuelle Entscheidungen; drittens Hervortreten persönlicher Eigenarten – Pluralisierung von Stilen, Lebensformen, Ansichten, Tätigkeiten; viertens Eintrübung des Gefühlslebens: Einsamkeit, Aggressionen, Zynismus, Orientierungslosigkeit.[87]

84 Ebd., S. 267.
85 Vgl. Shusterman, Richard: Unterhaltung: Eine Frage für die Ästhetik, S. 90.
86 Vgl. Feldmann, Klaus: Soziologie Kompakt. Eine Einführung. 4. Auflage Wiesbaden: VS Verlag für Sozialwissenschaften 2006, S. 130.
87 Schulze, Gerhard: Die Erlebnis-Gesellschaft: Kultursoziologie der Gegenwart. 8. Auflage, Studienausgabe. Frankfurt am Main und New York: Campus Verlag 2000, S. 75.

Alle vier Komponenten spielen für den Erfolg des Eventformats Poetry Slam beim Publikum eine Rolle. Die flache Hierarchiestruktur innerhalb des Events und die gleichwertige Behandlung aller Teilnehmer, unabhängig von der Herkunft, dem Geschlecht oder dem Alter, entsprechen der These der schwindenden Bindungswirkung traditioneller Sozialzusammenhänge. Ein Poetry Slam stellt eine temporäre Ersatzgemeinschaft dar. Ob jemand an einem Slam als Zuschauer oder als Bühnenpoet teilnimmt, kann jede Person individuell entscheiden. Es hängt also nur von dem Willen der jeweiligen Person ab und wird nicht durch andere Kriterien wie z. B. die soziale Stellung, die Reputation außerhalb der Slamszene oder andere Vorbedingungen bestimmt, womit das zweite Kriterium der Demokratisierung erfüllt ist. Die dritte Komponente, das Hervortreten persönlicher Eigenarten, wird bei jedem Bühnenpoeten maßgeblich anhand der Kleidung, des Vortragsstils, der Themenwahl, der Sprache und des Inhalts der Texte erkenntlich. Das vierte Kriterium, die Eintrübung des Gefühlslebens, wird bei einem Slam im Idealfall für einen gewissen zeitlichen Rahmen außer Kraft gesetzt.

Slam kann als Ventil für die aufgestauten Aggressionen des Alltags fungieren[88] und vielen Menschen ermöglicht ein Slam den Konsum von Kunst innerhalb einer Interessengemeinschaft. Poetry Slam ähnelt einem literarischen Rockkonzert, bietet aber die Möglichkeit zur emotionalen, lockeren Teilnahme und im Gegensatz zu den klassischen Wasserglaslesungen, welche durch das steife Prozedere kein Gemeinschaftsgefühl entstehen lassen, entspricht der Slam partiell dem Wertewandel moderner Gesellschaften[89], da die künstlerische Produktion ein wesentlicher Bestandteil der Selbstdefinition eines Individuums innerhalb der modernen Gesellschaft ist. [90]

88 Vgl. Bürger, Peter: Theorie der Avantgarde. Frankfurt am Main: Suhrkamp Verlag 1974, S. 51 f.

89 Laut Feldmann sind die dominanten Werte in den westlichen Gesellschaften: Familie, Leistung, Wohlstand, instrumenteller Aktivismus, Individualismus, Gleichheit, Demokratie, Sicherheit, Förderung technischen Fortschritts und Schutz der Umwelt. Vgl. auch Feldmann, Klaus: Soziologie Kompakt, S. 354.

90 Taylor, Charles: Das Unbehagen an der Moderne. Frankfurt am Main: Suhrkamp Verlag 1995.

Die französische Revolution und der Rationalismus der Aufklärung postulierten bereits, dass ein glückliches, befriedigendes Leben außerhalb der Primärgruppen der Kleinfamilien bzw. Sippen möglich sei, was durch die Entstehung von Sekundärgruppen und Interessengemeinschaften, wie sie sich beim Poetry Slam bilden, teilweise bestätigt wird.[91] Beim Slam wird für einen zeitlich begrenzten Rahmen eine Sekundärgruppe[92] gebildet, welche sich direkt nach der Veranstaltung wieder auflöst, vorher aber identitätsstiftend wirken kann. Innerhalb der Slamveranstaltung entsteht so im Idealfall ein Wir-Gefühl beim Großteil der Beteiligten. Alle Beteiligten nehmen je nach Position (Moderator, Zuschauer, Jury, Teilnehmer etc.) eine gewisse Rolle ein und werden somit unbewusst und bewusst Teil einer Inszenierung. Obwohl alle Beteiligten, bewusst oder unbewusst, eine solche Rolle annehmen und somit jedes Individuum eine gewisse Position mit spezifischen Verhaltensmustern vertritt[93], versuchen trotzdem alle ein gewisses Maß an Authentizität zu bewahren oder spielerisch damit umzugehen.[94] Über die besondere Position der Zuschauer innerhalb dieses Rahmens äußert sich Karsten Strack, Slam-Dozent an Hochschulen und Schulen, folgendermaßen:

> Die Zuschauer sind Teil dieses Wettbewerbs und entscheiden erstens, wer den Wettbewerb der Slammer gewinnt, haben aber einen eigenen Wettbewerb, insbesondere, wenn man einen Lautstärkeapplaus oder ein Wertungsvoting, das öffentlich einsehbar ist [hat], also den Applaus hören ja alle, die Wertungstafeln sehen ja auch alle – dann wird es auch ein Wettbewerb, wer die coolere Poetry-Slam-Meinung hat, wer irgendwie die besseren Leute gut findet. Wie auch immer, das ist eine hoch interessante Sache. Bei Abstimmungen, die verdeckt sind, kommt das

91 Vgl. Forgas, Joseph P.: Soziale Interaktion und Kommunikation, S. 8.

92 Vgl. Feldmann, Klaus: Soziologie Kompakt, S. 186.

93 Vgl. Coburn-Staege, Ursula: Der Rollenbegriff. Ein Versuch der Vermittlung zwischen Gesellschaft und Individuum. Heidelberg: Quelle und Meyer Verlag 1973, S. 34.

94 Vgl. ebd., S. 89.

> nicht so zum Tragen, da sehen das die Anderen ja nicht, was man selbst macht.[95]

In dem Moment, in dem der *Slammer* auf die Bühne gerufen wird und sich auf den Weg durch das Publikum macht, entsteht bei allen Zuschauern eine gewisse Erwartungshaltung.[96] Kommt eine konservativ gekleidete Person älteren Jahrgangs auf die Bühne, dann erwartet man andere Texte als von einem Jugendlichen, welcher ausgefallene Kleidung trägt und mit Tatoos und Piercings geschmückt ist. Entscheidend für einen guten Auftritt und für das Wohlwollen des Publikums ist jedoch nicht unbedingt die Erfüllung der Erwartungshaltung des Zuschauers, sondern seine Beurteilung der gesamten Darbietung. Diese Bewertung hängt natürlich auch von der Erscheinung ab. Der *Slammer* wird ab dem Moment seines Erscheinens automatisch vom Publikum nach unterschiedlichen Stereotypen kategorisiert. Falls der Text die Erwartungshaltungen erfüllt, kann dies ebenso positiv wirken, als wenn der Text sie nicht erfüllt.[97] So kann der konservativ wirkende Poet mit einer skurrilen Geschichte über Sex und Drogen gerade durch den überraschenden Bruch mit den Erwartungshaltungen punkten, genauso, wie es der schräge Jugendliche tut, welcher plötzlich ein klassisches Sonett vorträgt. Entscheidend für den Erfolg ist die positive Annahme des Textes durch das Publikum. Diese wiederum hängt von mehreren Faktoren ab. Die Erwartungshaltung, ausgelöst durch das Erscheinungsbild des *Slammers*, ist nur einer von vielen Faktoren, die einen erfolgreichen Auftritt ausmachen. Der Startplatz, die Reihenfolge der Texte, die Zusammensetzung des Publikums und die Erzeugung von Sympathie sind ebenfalls wichtige Kriterien für einen gelungenen Auftritt.

Ein früher Startplatz wird üblicherweise nicht mit der Höchstpunktzahl bewertet, weil sich die Juroren im Regelfall ein wenig Spielraum für die nächsten Bewertungen lassen. Für Poeten, die ei-

95 Interview mit Karsten Strack (23. Februar 2010, Paderborn).
96 Vgl. Forgas, Joseph P.: Soziale Interaktion und Kommunikation, S. 47 ff.
97 Vgl. Coburn-Staege, Ursula: Der Rollenbegriff, S. 89.

nen der letzten Startplätze bekommen, sind die Höchstpunktzahlen so natürlich einfacher zu erreichen.

Ein weiterer Faktor ist der Text, der von dem vorangegangenen Poeten gelesen wird. Ein ernster Text kann die Stimmung derart verändern, dass ein humorvoller Text danach nicht funktioniert. Es kann aber genauso gut sein, dass ein humorvoller Text, gelesen nach einem ernsten Text, eine befreiende Wirkung hat und die Zuschauer noch emotionaler reagieren lässt.

Oft passen sich die *Slammer* auch dem Publikum an und beobachten, aus was für einer Klientel sich die Zuschauer zusammensetzen. Sind beispielsweise viele ältere Zuschauer anwesend, verzichten viele *Slammer* auf Texte, die starke popkulturelle Bezüge haben und somit von den älteren Zuschauern tendenziell nicht verstanden werden. Die *Slammer* wählen, falls vorhanden, einen adäquaten Text aus ihrem Repertoire und gehen somit schon bei der Textauswahl auf das Publikum ein. Primär geht es darum, die Sympathie des Publikums zu gewinnen. Ein humorvoller oder intelligenter Satz über den eigenen oder vorherigen Text als Einleitung stimmt das Publikum besser auf die eigene Darbietung ein, als wenn sich der *Slammer* z. B. einfach nur abfällig über den letzten Text äußert. Dies ist nur ein hypothetisches Beispiel. Ziel bei jeglichem Handeln auf der Bühne ist es, die Sympathie des Publikums zu gewinnen, falls man den Slam gewinnen möchte. Dies hängt von der Wertung der Kunstfertigkeit verbunden mit den performativen Aspekten der Erscheinung ab.

4.2 Performativität

Seit den 60er Jahren wird in allen Bereichen der Künste eine performative Wende sichtbar: Der Fokus der dargestellten Künste, sei es Musik, Malerei, Theater oder Literatur, verschiebt sich zugunsten der Aufführung und relativiert somit die Dominanz des eigentlichen Kunstwerks.[98] Das Hauptaugenmerk der ausführen-

98 Vgl. Fischer-Lichte, Erika: Ästhetik des Performativen, S. 29.

den Künstler liegt vielerorts nicht mehr nur auf dem eigentlichen Kunstwerk, sondern auf dessen Präsentation. Der Blick ruht nicht mehr alleine auf dem, *was* präsentiert wird, sondern auch immer mehr auf dem, *wie* es präsentiert wird.

Theaterstücke erhielten ihre Legitimation als geachtetes Kunstwerk nach den Entwicklungen der Genieästhetik des 18. Jahrhunderts und erst in der Folgezeit wurden sie nach ihrem eigentlichen Text bewertet.[99] Aus diesem Grund wurde die Theaterwissenschaft immer als Teilbereich der Literaturwissenschaften angesehen, bis sie sich zu Beginn des 20. Jahrhunderts als eigenständige Universitätsdisziplin von den Literaturwissenschaften loslöste und emanzipierte.[100] Die Auflösung der Hierarchie zwischen Text und Aufführung kann sogar als eine Rückbesinnung auf die Ursprünge verstanden werden, denn wie Harrison in ihrer Studie „Themis. A Study of the Social Origin of Greek Religion" aufzeigt, entstanden die ersten Texte der griechischen Antike als Folge von ritualisierten Feierlichkeiten zu Ehren von Göttern.[101] So folgte ursprünglich der Text dem Ritual, um die Aufführung zu bereichern und auszuschmücken.

Die Ritualisierung des Events Poetry Slam ist wiederum ein wichtiger Bestandteil jeder Aufführung. Die Auswahl der Jury, die Auslosung der Reihenfolge der Vorleser, die Erklärung der Regeln sowie die Eichung der Applauslautstärke werden bei jedem Slam in ritualisierter Form abgehalten.[102] In welcher Weise die Rituale konkret abgehalten werden, ist von Slam zu Slam unterschiedlich und macht somit auch den speziellen, eigenen Charakter jedes Slams aus.

Aus der Entwicklung des deutschen Theaters in der zweiten Hälfte des 18. Jahrhunderts[103] ergab sich eine ganz bestimmte Problematik, die durch die Eigenheiten des Poetry Slams aufgehoben werden. Es wurde versucht, die Vorherrschaft des Schauspielers zu

99 Vgl. ebd., S. 42.
100 Vgl.ebd.
101 Vgl. ebd., S. 46.
102 Vgl. Preckwitz, Boris: Spoken Word & Poetry Slam. Kleine Schriften zur Interaktionsästhetik. Wien: Passagen Verlag 2005, S. 25.
103 Vgl. Fischer-Lichte, Erika: Ästhetik des Performativen, S. 131.

brechen, um den eigentlichen Text des Autors in den Vordergrund zu rücken. Der Schauspieler wurde zu einer ausführenden Instanz degradiert, um eine höhere Werkimmanenz zu gewährleisten, wie Fischer-Lichte ausführt: „Die Schauspielkunst sollte in ihrer Performativität nicht neue, eigene Bedeutungen erzeugen, sondern die vom Dichter ge-/erfundenen und in seinem Text niedergelegten lediglich zum Ausdruck bringen.“[104]

Das Streben nach Werkimmanenz, welches sich aus dem Auftreten der Genieästhetik[105] ableitet, und die Problematik der interpretatorischen Machtfülle des Schauspielers werden beim Poetry Slam dadurch umgangen, dass man nur seine eigenen Texte performen darf. In dem Moment, in dem der Autor seinen Text selbst performt, legitimiert er jede seiner schauspielerischen Einlagen und jegliche Ausschmückung des Textes. Viele gute Texte verlieren durch die performativen Schwächen der Autoren zwar an Qualität, jedoch kann niemand eine Verfremdung des Textes durch eine schauspielerische Zwischeninstanz bemängeln. Jeder Poet auf einer Slambühne verkörpert, ob er es will oder nicht, seinen Text. Die unterschiedliche Wahrnehmung des Publikums bei einem Schauspieler, welcher einen Text spielt, und einem *Slammer*, welcher seinen Text verkörpert, wird besonders deutlich bei der sogenannten *dead-or-alive*-Variante[106] des Slams, denn

> das ist, was man merken kann bei *dead-or-alive*-Slams, wo man ja Schauspieler hat, die Texte von toten Dichtern vortragen – die haben einfach 'nen Bonus nicht, den die Slammer alle haben auf Grund des Regelwerks der Texte, das weiß das Publikum, ist ja vom Slammer selbst, ist selbst geschrieben. Es kommt aus ihm raus, er bringt es selber mit auf die Bühne und es ist sein Zeug. Dadurch ist es schon mal per se authentisch. [107]

104 Ebd.
105 Auf die Genieästhetik wird im nächsten Kapitel noch näher eingegangen.
106 Beim *dead-or-alive*-Slamformat treten Slammer mit ihren Texten gegen Schauspieler, welche Texte von berühmten verstorbenen Autoren darbieten, an.
107 Interview mit Sebastian 23 (12. Februar 2010, Berlin).

Mit dem Aufkommen der Theaterwissenschaften zu Beginn des 20. Jahrhunderts wurde die Forderung nach werkimmanentem Schauspiel, bei dem der Akteur zu einem seelenlosen Zeichenträger degradiert werden soll, sowohl von Seiten der Theaterpraxis als auch der Theoretiker heftig kritisiert.[108] Ficher-Lichte beschreibt die Herausforderungen bei der Wahrnehmung für den Theaterzuschauer beim Auftreten von perzeptiver Multistabilität.[109] Damit meint sie das Umschalten der Wahrnehmungskonzepte für den Theaterzuschauer, welcher den Schauspieler zum einen in seinem körperlichen Sein und zum anderen als Verkörperung der Figur wahrnimmt.

Diese Diskrepanz zwischen der gespielten Figur und dem phänomenalen Körper des Schauspielers wird bei einem Slampoeten aufgehoben. Da das Publikum weiß, dass jeder Akteur bei einem Poetry Slam seinen Text selbst geschrieben hat, wird der Slampoet von den Zuschauern nicht wie ein Theaterschauspieler als ausführendes Instrument bzw. als verkörperlichter Übermittler zwischen Text und Zuschauer angesehen, sondern als die Verkörperung seines Textes.

Der Slampoet verkörpert seinen Text in jeglicher Art und Weise; sei es professionell mit einstudierter Gestik und Stimmlage oder sei es als nervöses, zittriges Bündel, welches mit brüchiger Stimme den Text monoton vorträgt. Das lyrische Ich und der Slammer verschmelzen für die Zuschauer zu einer Person. Die Nervosität vieler Akteure, einen ihrer ersten Bühnenauftritte bei einem Slam absolvierend, ist durchaus nachvollziehbar, da sie im Gegensatz zu einem Theaterschauspieler nach polyvalenten Bewertungskriterien beurteilt werden.

Auf der einen Seite beurteilt und bewertet das Publikum die performativen Qualitäten der Slampoeten wie bei einem Schauspieler, aber auf der anderen Seite auch die sprachlichen Fähigkeiten als Verfasser der vorgestellten Texte. Aus der Unsicherheit bezüglich der Bewertung eines teilweise launischen und wahllos zusammengesetzten Publikums ergibt sich ein Diskussionspotenzi-

108 Vgl. Fischer-Lichte, Erika: Ästhetik des Performativen, S. 136.
109 Vgl. ebd., S. 257.

al in der Gemeinschaft aller Beteiligten eines Slams, was für viele auch den Reiz der Teilnahme ausmacht.

Die Frage, wonach eine Darbietung bewertet werden soll und was im Detail die dafür grundlegenden Kriterien sind, kann nicht allgemeingültig beantwortet werden. Jeder Zuschauer, welcher – vorgeprägt durch eine jeweils individuelle Sozialisation – zum Slam kommt, beurteilt die Kunstfertigkeit der Slampoeten nach einem ganz eigenen Wertekatalog, der sich teilweise jeglichem kulturellem Kanon entzieht und durch Affekte und Launen[110] bestimmt wird. Diese Affekte und Launen werden von Mensch zu Mensch und von Slam zu Slam in unterschiedlicher Qualität generiert Aufgrund dieses Unterschieds entsteht bei jedem Slam ein nicht wiederholbarer Ablauf – dies kennzeichnet Slam als Teil der Eventkultur der Postmoderne.

4.3 Der Eventcharakter von Poetry Slam

Nach der aus der Genieästhetik entstandenen Werkbesessenheit wurde zu Anfang des 20. Jahrhunderts der Grundstein für die performative Wende im selben Jahrhundert gelegt. Zuvor dominierte die Überzeugung, dass bei einer Theateraufführung der Fokus der Inszenierung auf dem Werk liegen müsse. Auch Heidegger und Adorno gehen davon aus, dass ein wahres, klassisches Kunstwerk die Wahrheit in sich trage und am Werk auszumachen sei[111].

Entgegen dieser Tendenz lösten sich als Erste Behrens, Fuchs und Hermann vom Werkbegriff und postulierten einen Ereignisbegriff.[112] Die Fokussierung auf die Ereignishaftigkeit einer Aufführung wurde von den verschiedenen Avantgardebewegungen gesteigert, welche bei ihren Aufführungen darauf bedacht waren, Emotionen, Affekte oder sogar körperliche Schrecken zu erzeugen. Paradoxerweise knüpfen gerade die sich als Vorhut und als Mo-

110 Vgl. Forgas, Joseph P.: Soziale Interaktion und Kommunikation. Weinheim: Psychologie Verlags Union 1999, S. 31.

111 Vgl. Fischer-Lichte, Erika: Ästhetik des Performativen, S. 281.

112 Vgl. ebd., S. 282.

dernisierer begreifenden historischen Avantgardebewegungen mit ihrer Wirkungsästhetik an die antike Tradition der Rhetorik und ihrer Affekterzeugung an.[113]

Während bei der historischen Avantgarde noch davon ausgegangen wurde, dass die Wirkung einer Aufführung einseitig erzeugt wird, spielten die Akteure ab den 60er Jahren mit der vorhandenen Wechselwirkung zwischen Zuschauern und Künstlern. Viele Künstler im Zeitalter der performativen Wende wollten ihre Aufführungen als flüchtige Kunstwerke verstanden wissen, deren Aussage sich nur im Ereignis der Aufführung für einen gewissen zeitlichen Rahmen manifestiert[114] und somit zu einem Event wird. Ein Event zeichnet sich durch seinen außergewöhnlichen Charakter bzw. seine Einzigartigkeit aus.[115] Für Sebastian 23 ist ein Merkmal für den Erfolg von Poetry Slam beim Publikum,

> dass es ein Happening ist, ein Event, würde man vielleicht heute eher sagen, es ist einfach ein gesellschaftliches Ereignis, diese Lesungen, die da stattfinden, wo man zusammenkommt, wo Hunderte von Leuten zusammensitzen und sich Textperformances anhören, das ist natürlich für viele Leute spannender und interessanter als sich vielleicht hinzusetzen und sich in 'ner Ecke 'nen Buch durchzulesen. [116]

Normalerweise ist der exakte Inhalt bzw. das dargebotene Produkt eines Events den Veranstaltern genauestens bekannt. Bei einem Poetry Slam kann man jedoch nur vage Angaben zum inhaltlichen Ablauf des Abends machen. Die Dramaturgie, die Regeln und der poetische Bezug sind zwar festgelegt, jedoch kann niemand exakt vorhersehen, wie viele *Slammer* teilnehmen werden und mit welchen Inhalten sie ihre Bühnenzeit füllen. Poetry Slam gleicht einem riesigen Überraschungsei, welches man für zwei bis

113 Vgl. ebd., S. 268.

114 Vgl. ebd., S. 283.

115 Vgl. Gebhardt, Winfried: Feste, Feiern und Events. In: Events. Soziologie des Außergewöhnlichen. Band 2. Hg. v. Winfried Gebhardt, Ronald Hitzler, Franz Liebl. Opladen: Leske und Budrich 2000, S. 18 f.

116 Interview mit Sebastian 23 (12. Februar 2010, Berlin).

drei Stunden auf die Bühne stellt und dessen Inhalt sich langsam entblättert. Über den Umstand der Unwissenheit, über den inhaltlichen bzw. den ästhetischen Ablauf der Aufführungszeit und über die Singularität des Augenblicks, in dem die ästhetische Performanz wahrgenommnen wird[117], konstituiert sich die Einzigartigkeit des Poetry Slams als Eventformat.

Im Zeitalter der technischen Reproduzierbarkeit des Kunstwerks[118] erhält ein Kunstwerk seine ästhetische Beglaubigung zunehmend durch die Aufführung, begleitet von einer leiblichen Ko-Präsenz zwischen Zuschauer und Akteur. Dieser Trend ist auch klar in den Tendenzen der Musikindustrie zu erkennen, bei der die Musiker einen Großteil ihres Gewinns nicht mehr durch die Tonträger, sondern durch die Konzerte verdienen. Eine MP3-Datei eines Musikstückes oder eines Slamvortrags ist eventuell im Internet erhältlich und kann somit tausendfach kopiert werden, aber wie ein Slamakteur bei einem Vortrag auf einen Zwischenruf reagiert oder mit seinem Text experimentiert, ist nur in dem Moment erfahrbar, in dem eine leibliche Ko-Präsenz zwischen Kunstkonsument und -produzent besteht.

Somit ist jedes Slamevent einzigartig. Die Eventisierung der Gesellschaft und die laut Gebhardt grundlegenden Faktoren[119] für diesen Prozess, nämlich die der Deinstitutionalisierung, der Entstrukturierung, der Profanisierung, der Multiplizierung und der Kommerzialisierung, lassen sich alle, bis auf den letzten Faktor, auf das Eventformat Poetry Slam anwenden.

Der Rückgang der Homogenität der Teilnehmer (Entstrukturierung), der Rückzug klassischer, politischer, ökonomischer oder kultureller Institutionen bei der Ausrichtung kultureller Events (Deinstitutionalisierung), das quantitative Anwachsen von festlichen Ereignissen (Multiplizierung) und die Ablehnung aller normativ verbindlichen Verhaltensmuster bei einer Aufführung (Pro-

117 Vgl. Mersch, Dieter: Ereignis und Aura. Untersuchungen zu einer Ästhetik des Performativen. Frankfurt am Main: Suhrkamp Verlag 2002, S. 228.

118 Vgl. Benjamin, Walter: Das Kunstwerk im Zeitalter seiner technischen Reproduzierbarkeit. Drei Studien zur Kunstsoziologie. Frankfurt am Main: Suhrkamp Verlag 1977, S. 7–45.

119 Vgl. Gebhardt, Winfried: Feste, Feiern und Events, S. 26.

fanisierung) sind Faktoren und Merkmale, die das Eventformat Poetry Slam kennzeichnen.

Da bei vielen Slams der eingenommene Gesamtbetrag für die Fahrtkosten der *Slammer* und für die Ausrichtung der Slams verwendet wird und es viele Slams gibt, die überhaupt kein Eintrittsgeld verlangen, sondern höchstens einen Hut rumgehen lassen, kann von einer flächendeckenden Kommerzialisierung des Eventformats Poetry Slam nicht die Rede sein. Es gibt einige Ausnahmen – bei den Slams, die genug Kapazitäten in ihrer Lokalität und einen regen Zulauf an Zuschauern haben, um mit einem Abend einen ordentlichen Gewinn einzufahren –, jedoch ist dies nicht die Regel.

Schon Richard Wagner konzipierte seine Festspiele als einzigartiges Event und das Erlebnisformat Event breitet sich bis zur Gegenwart immer mehr aus. Ein Event soll, laut Gebhardt, im Rahmen des Hochkulturschemas

> als „Kraftquelle" erlebt werden, die dem in den Bahnen der Routine gefangenen Leben Vitalität einhaucht und kreative Impulse für den entfremdeten Alltag setzt. Insbesondere solche Events, die dem Umfeld der noch dem bürgerlichen Kunstverständnis verhafteten Hochkulturszene entstammen, wie beispielsweise die Bayreuther, Salzburger oder Luzerner Festspiele, vertreten noch offensiv diesen religioiden Anspruch.[120]

Wie dieser „religioide" Anspruch an die Kunst im Bereich der Hochkultur entstanden ist und welche Faktoren die entgegenläufigen Strömungen wie z. B. die Populärliteratur ausmachen, wird nun im nächsten Kapitel erläutert.

120 Ebd., S. 21.

Kommentar zu Kap. 5

Im Jahr 2008 gründeten Mischa-Sarim Verollet, Andy Strauß, Sebastian 23 und ich die Lesebühne „LMBN", welche seitdem monatlich im Dortmunder Club „Domicil" stattfindet. Die Lesebühne „LMBN" ist beispielhaft für die, im vorhergehenden Kapitel beschriebene, verstärkte Eventisierung des öffentlichen Literaturbetriebs. Es gibt in vielen Städten Lesebühnen, welche zum großen Teil, aber nicht nur, auch von Slampoeten veranstaltet werden, und somit trägt die Slamgemeinschaft zur kulturellen Vielfalt der Städte entscheidend bei. Die größte Tradition in Sachen Lesebühnen hat Berlin. Dort gibt es zum Beispiel „LSD" (Liebe statt Drogen) oder „Die Chaussee der Enthusiasten", welche sogar wöchentlich abgehalten werden. Diese Lesebühnen haben regelmäßig mehrere hundert Zuhörer, was deutschlandweit einmalig ist. Wir hätten vor der ersten Show nicht gedacht, dass dies außerhalb von Berlin möglich sei, doch als „LMBN" nach nur zwei Jahren jeden Monat knapp 400 Zuhörer hatte, wurden wir zu unserer eigenen freudigen Überraschung eines Besseren belehrt. Wir haben uns in der kulturellen Szene Dortmunds etabliert und fühlen uns dort auch sehr wohl. Wir begannen mit 60 Zuhörern, was für sonstige Lesebühnen schon ein ordentliches Publikum ist, und die Zahl stieg stetig an. Als wir das Konzept entwarfen, wollten wir eine Lesebühne veranstalten, wie es sie noch nicht gibt. So gehört zu unserem Ensemble auch DJ Nachtfalke alias Nicolas Gerrit Rüter, welcher auch gern mal in die Texte scratcht und den Abend musikalisch abrundet. Die Lesebühne hat ihre eigenen Rubriken, wie zum Beispiel den Skandal der Woche, die Buchpräsentation und auch ein eigenes musikalisches Intro gehört zum Set der Show. Es wird auch immer ein Gast von außerhalb eingeladen, was bei der zahlreichen Auswahl an großartigen Slampoeten im deutschsprachigen Raum nicht schwerfällt und die Show immer mit frischem Wind bereichert. Nach einer gewissen Zeit lernten wir den äußerst talentierten Maler Artur Fast alias Fastart kennen, welcher als Gast bei unseren Shows vorbeikam. Wir waren uns alle direkt einig, dass wir sein

Talent irgendwie in die Lesebühne einbinden müssen und ließen ihn ab dem Zeitpunkt mit Hilfe eines Beamers und einem Grafiktablets parallel zu unseren Texten live malen. Ab diesem Zeitpunkt hatten wir ein neues Mitglied in unserer Gruppe und die Lesebühne „LMBN" erreichte im Zusammenspiel von Musik, Malerei und Literatur ein neues Level. Sie wurde zu einer Leseshow.

Nachdem ich mich dazu entschied, meine Magisterarbeit über Poetry Slam zu schreiben, und bevor ich mit der Recherche begann, dachte ich, es gäbe wissenschaftliche Abhandlungen über das Phänomen Poetry Slam, welche es in den literaturwissenschaftlichen Diskurs einbetten und gewisse Aspekte detailliert erörtern. Bei der Einarbeitung in das Thema fiel mir jedoch auf, dass eine grundlegende Theorie des Sachverhaltes nicht vorhanden war und es notwendig sein würde, dieses Thema aus mehreren Perspektiven zu beleuchten. Obwohl mir klar war, dass der medienwissenschaftliche und soziologische Bereich eine große Rolle bei dieser Arbeit spielen würden, wusste ich, dass der literaturwissenschaftliche Abschnitt den Hauptteil ausmachen würde und musste. Schließlich habe ich ja auch allgemeine Literaturwissenschaft studiert. Ich hatte am Anfang Schwierigkeiten, festzulegen, wie ich Poetry Slam in den literaturwissenschaftlichen Diskurs verorten soll und ab wann es relevant wäre, die Literaturgeschichte miteinzubeziehen, um die Einflüsse von Poetry Slam zu bestimmen. Ich zerbrach mir den Kopf, bis ich mich eines Tages dazu entschied, einfach von Anfang an alles Relevante miteinzubeziehen. Ich habe in dieser Zeit sehr viele Bücher gelesen, welche überhaupt nicht im Literaturverzeichnis stehen und in denen ich nach relevanten Fakten für meine Arbeit gesucht habe. Diese Bücher waren durchaus interessant, aber ich ertappte mich öfters dabei, tagelang in irgendwelchen Büchern herumgestöbert zu haben, ohne diese für meine Magisterarbeit verwerten zu können. Dementsprechend freute ich mich umso mehr, wenn ich etwas fand, das ich zitieren konnte, oder wenn ich etwas las, was neue Aspekte für mich erschloss bzw. meiner Magisterarbeit den entscheidenden Kick gab, um sich in die richtige Richtung zu bewegen. Ich musste mich jedoch durch die Bücher arbeiten und habe meinen Professor nur einmal am An-

fang getroffen, um ihm mein Thema vorzustellen, ohne es bis zur Abgabe zwischenzeitlich mit ihm zu besprechen. Stück für Stück ergab diese Arbeit einen Sinn und erreichte die Form, die ich mir wünschte. Umso mehr war es mir egal, was mein Professor davon hielt. Ich wollte natürlich auch eine sehr gute Note (die ich auch bekam), aber in erster Linie wollte ich selbst mit dieser Arbeit zufrieden sein. Ich war nur ein wenig unsicher, da ich, ohne mir irgendwelche wissenschaftlichen Anregungen von der Uni zu holen, einfach losgelegt hatte und vielleicht, grübelte ich immer wieder zwischendurch, hat man ja trotz der eigenen Sicherheit irgendetwas übersehen. Ich kann im Nachhinein sagen, dass dies nicht der Fall war und ich froh darüber bin, sämtliche Quellen selbst erarbeitet zu haben.

5 Die literaturwissenschaftliche Dimension von Poetry Slam

Im Folgenden wird die literaturwissenschaftliche Einbettung von Poetry Slam anhand der entstehungsgeschichtlichen Dimensionen, des Spannungsverhältnisses von Trivial- und Hockultur sowie mit Blick auf die Aspekte Kulturindustrie und Popkultur vorgenommen.

5.1 Einführung

Poetry Slam gilt als Bestandteil der Popkultur bzw. Populärliteratur und wurde von seinen Vertretern in der Anfangszeit[121] über seinen Kontrast gegenüber der Hochkultur definiert. Um diesen Kontrast zu erhellen, ist es notwendig, die Entwicklungsgeschichte des Hochkulturschemas und der Populärliteratur zu beschreiben. Der Anspruch an die Literatur und die Produktion bzw. Rezeption von literarischen Werken war in den letzten Jahrhunderten zahlreichen Wandlungen unterworfen.[122] So wurden, ausgelöst durch die Gedanken und Werke von Philosophen und Künstlern, viele literarische Strömungen mit neuen Denk-, Rezeptions- und Produktionsmustern konfrontiert.

Die Veränderungsprozesse der Literaturepochen manifestierten sich in der Beschaffenheit der jeweiligen zeitgenössischen Werke.[123] Vom Beginn des Mittelalters bis hin zur Aufklärung und teilweise darüber hinaus fundierte der Anspruch an die Poesie auf der ersten systematischen, jedoch unvollständigen Regelpoetik („Über

121 Die Social-Beat-Bewegung verstand sich als Gegenbewegung zur Hochkultur. Da viele Vertreter dieser Bewegung, während der Gründungszeit des Poetry Slams in Deutschland, in der Poetry-Slam-Szene aktiv waren, übertrugen sie diese Haltung auf die Poetry-Slam-Bewegung. Diese Haltung wird jedoch von vielen zeitgenössischen Vertretern der Slamszene nicht mehr so vehement artikuliert.

122 Vgl. Assmann, Aleida: Erinnerungsräume – Formen und Wandlungen des kulturellen Gedächtnisses, S. 201.

123 Vgl. Schücking, Levin L.: Soziologie der literarischen Geschmacksbildung. Bern: Francke Verlag 1961, S. 10.

die Dichtkunst" von Aristoteles)[124] und auf den Schriften von Horaz. Horaz' Satz „prodesse et delectare"[125] wurde über mehrere Jahrhunderte zum Leitsatz für den Anspruch an die Poesie bzw. an die Literatur.

Poesie soll demnach nützlich sein und gleichzeitig erfreuen. Dieser Leitspruch behielt seine uneingeschränkte Gültigkeit bis hin zur Renaissance und der Barockzeit, deren führende Vertreter der Literaturproduktion bzw. der Literaturtheorie sich noch auf die gängigen Regeln der antiken Rhetorik beriefen und die damit einhergehenden Erwartungshaltungen erfüllten. Poesie war im Mittelalter ein Teilbereich der Rhetorik und bezog somit sein theoretisches Fundament aus Ciceros Abhandlung „De Oratore", welche die führende Schrift im Hinblick auf den Bereich der Rhetorik darstellte.[126]

Die Zeit der Aufklärung bereitete den Boden für die Subjektivierung der Kunst. Durch die philosophische Ästhetik und die Entstehung der deutschen Nationalliteratur kommt in der Zeit der Aufklärung der Autonomiegedanke auf und die Genieästhetik wird kultiviert, welche als neues Konzept die Prinzipien der Regelpoetiken der Antike teilweise ablöst bzw. mit ihnen konkurriert.[127] Daneben verbreiten sich der Kunstmarkt und das literarische Produkt.

Das Buch wird jetzt nicht nur als ästhetisches Produkt wahrgenommen, sondern auch als ökonomische Ware produziert. Nach dem Ende der Napoleonischen Kriege nahm ab 1815 der Warenverkehr stetig zu[128], so dass technische Neuerungen bei der Buchproduktion[129] zusammen mit dem Aufkommen eines wachsenden Bildungsbürgertums den Grundstein für die Entstehung der Unterhaltungsliteratur legten.

124 Vgl. Jung, Werner: Poetik. Eine Einführung. München: Wilhelm Fink Verlag 2007, S. 14.
125 Vgl. ebd., S. 37.
126 Vgl. ebd., S. 46.
127 Vgl. Geisenhanslüke, Achim: Einführung in die Literaturtheorien. 4. Auflage. Darmstadt: Wissenschaftliche Buchgesellschaft 2007, S. 19.
128 Vgl. Deutsche Literaturgeschichte, S. 243.
129 Vgl. ebd., S. 244.

Die Vertreter der „hohen“ Kunst und der „wahren“ Poesie versuchten, sich durch die Hervorhebung ihrer Ansichten zu den Funktionen der Poesie innerhalb der Unterhaltungsliteratur, aber auch untereinander, abzugrenzen. So entstand die Vermittlungsinstanz des Kritikers, welcher als kongenialer Rezipient die „gute“ Literatur von der „schlechten“ unterschied und dem Publikum näherbrachte. Der Dichter wurde als Genie gefeiert und war nur seinem eigenen Geschmack verpflichtet.

Diese Problematik wird noch heute bei den sogenannten „Wasserglaslesungen“ deutlich, welche von den Vertretern und Anhängern der Slamszene als steif und weltfremd bezeichnet werden und auch stets als einer der initialen Gründe für die Entstehung der Slamszene angeführt werden.

> Also, ich denke, erst mal muss man sehen, aus welchem Kontext heraus sich das entwickelt hat. Die Realität war ja Anfang der 90er so: Es gab die Literaturhäuser und absolut lustfeindliche Darbietungen von Literatur. Also eben diese Wasserglaslesungen, wo einer sitzt mit 'nem Wasserglas. Das war auch, von mir aus nenn es Bildersturm, das war für mich einer der Beweggründe eben, so was wollte man nicht und man wollte ja auch zu den Leuten kommen und dazu das Format und heute ist Poetry Slam deshalb so erfolgreich, weil im optimalsten Fall das Format inszeniert wird. [130]

Wenn Slam als ideologische Gegenbewegung zum Hochkulturschema entstanden ist, schließt sich die Frage an, welche Faktoren den Literaturbetrieb geprägt und das Hochkulturschema ausgelöst haben. Des Weiteren ist der Problemstellung nachzugehen, inwiefern sich Poetry Slam davon unterscheidet.

130 Interview mit Wolf Hogekamp (12. Februar 2010, Berlin).

5.2 Die Entstehung des Sozialsystems Literatur und der Autonomieästhetik

Parallel zu den oben beschriebenen Faktoren, die sich aus den Entwicklungsprozessen der Medien hin zum Elektronikzeitalter für die Wahrnehmung und die Denkmuster der abendländischen Gesellschaften ergaben, löste sich die Literatur um 1800 von den anderen kulturwissenschaftlichen Teilbereichen und erlangte eine höhere Autonomie.[131]

Es entstand das Sozialsystem Literatur.[132] Diesen Begriff erläutern Heydebrand und Winko:

> Der Begriff [Sozialsystem Literatur] bezeichnet das Phänomen, daß um 1800 ein ‚autonomer', kultureller Bereich in der Gesellschaft entsteht, der sich gegen andere kulturelle Teilsysteme wie Religion, Philosophie und Moral, Recht und Politik, Wissenschaft und Pädagogik abgrenzen läßt und sich verselbständigt. Es ist der Bereich der ‚Literatur als Kunst'.[133]

Die Entstehung des Sozialsystems Literatur ist nicht nur eng mit der Entwicklung des individuellen Bürgertums im 18. Jahrhundert[134] verbunden, sondern korreliert auch mit einer neuen Art der Textrezeption, welche die Literatur nicht mehr nach heteronomen, sondern nach autonomieästhetischen Mustern bewertet.[135]

Die Funktionalisierung der Literatur, welche den Grundwerten der rhetorischen Tradition entspringt, wird abgelehnt und ein neues Verständnis tritt bei der Produktion und Rezeption von Literatur an ihre Stelle.

131 Vgl. Schmidt, Siegfried J.: Die Selbstorganisation des Literatursystems im 18. Jahrhundert. Frankfurt am Main: Suhrkamp Verlag 1989, S. 16.

132 Vgl. Heydebrand, Renate von und Winko, Simone: Einführung in die Wertung von Literatur. Paderborn: Verlag Ferdinand Schöningh 1996, S. 26.

133 Ebd.

134 Vgl. Schmidt, Siegfried J.: Die Selbstorganisation des Literatursystems im 18. Jahrhundert, S. 17 f.

135 Vgl. Heydebrand, Renate von und Winko, Simone: Einführung in die Wertung von Literatur, S. 29 f.

So schreiben Heydebrand und Winko über die Literatur der autonomen Ästhetik:

> Sie will nicht mehr auf unterhaltsame Weise belehren, versteht sich nicht mehr als erlernbare Technik der Vermittlung von Wahrheiten, die sich auch auf andere Art ausdrücken ließen, und nicht mehr als wirkungsvolle, schöne Einkleiden allgemeiner Einsichten. Vielmehr entspringt sie, dem Selbstverständnis ihrer Produzenten entsprechend, der individuellen Eingebung des dichterischen Genies und beansprucht eine eigene, nur über die Reflexion ihrer Form zugängliche Wahrheit[136]

Die autonomieästhetische Literatur will erreichen, dass sowohl der Künstler als auch der Rezipient zu einer eigenen spezifischen Wahrheit gelangen, die wiederum dazu dienen soll, den idealen Menschen zu erschaffen.

> Daß die Herstellung der Menschennatur kein von ‚außen' herangetragener, heteronomer Zweck ist, ergibt sich aus einer anthropologischen Voraussetzung dieses Programms: Der ‚ideale Mensch' manifestiert sich kollektiv im Naturvolk, individuell im schöpferischen Genie, dem Künstler.[137]

Die neue autonomieästhetische Richtung verdrängte jedoch die heteronomen Konzeptionen nicht, denn: „Es gibt weiterhin Leser, die Literatur auf Realität und praktische Zwecke beziehen, und Autoren, die didaktische Texte verfassen." Daraus folgern Heydebrand und Winko: „Da alle im Sozialsystem Literatur Handelnden dazu beitragen, den Begriff ‚literarisch' inhaltlich zu bestimmen, spielen also neben den autonomen auch heteronome Konzeptionen eine Rolle."[138]

Die Funktionalisierung der Texte nach kognitiven, emotionalen und praktischen Zwecken, welche die heteronomen Rezeptions-

136 Ebd., S. 26.
137 Ebd., S. 27.
138 Ebd.

modi bestimmt, wird nach 1800 als klassifikatorischer Begriff auch auf die Unterhaltungsliteratur und auf Sachtexte angewendet.[139]

Die Bildung des Sozialsystems Literatur prägte erheblich die Geschmacksbildung, das Wertungssystem der Literatur, die Rolle des Kritikers[140] und die Entstehung aller hochkulturellen Konzepte, die in Bezug auf das Phänomen Poetry Slam von entscheidender Bedeutung sind.

Die autonomieästhetische Bewegung erhält ihr philosophisches Fundament aus der „ästhetischen Urteilskraft" Kants.[141] In ihr spielt die Frage nach der Geschmacksbildung eine große Rolle denn: „Als eine Art *sensus communis* sorgt der Geschmack dafür, daß ästhetische Urteile nicht willkürlich und privat bleiben, sondern Anspruch auf Allgemeingültigkeit erheben können."[142]

Auch die Rolle des Literaturproduzenten wandelt sich im 18. Jahrhundert mit der Entstehung des Sozialsystems Literatur erheblich.[143] Die Anzahl und der Professionalisierungsgrad der Schriftsteller nehmen zu, die soziale Rolle und das Selbstbild des Schriftstellers ändern sich, ein kapitalistisch organisierter Buchmarkt entsteht und die Verhältnisse der einzelnen Instanzen des Literaturbetriebes, wie z. B. die Literaturvermittlung, Literaturverarbeitung und die literarische Rezeption, werden neu strukturiert.

Ob die Werke nach und vor der Entstehung des Sozialsystems Literatur den Anspruch auf Allgemeingültigkeit erfüllen, liegt immer im Auge des jeweiligen Betrachters und repräsentiert den individuellen Geschmack, wie Schücking ausführt:

> So konnte man vom 16. Jahrhundert an und vielleicht schon aus früherer Zeit mit Leichtigkeit Äußerungen des Unmuts von Künstlern zusammentragen, in denen das Publikum und die Kritik des Unverständnisses geziehen

139 Vgl. Ebd., S. 30.
140 Vgl. Schmidt, Siegfried J.: Die Selbstorganisation des Literatursystems im 18. Jahrhundert, S. 26.
141 Vgl. Geisenhanslüke, Achim: Einführung in die Literaturtheorien, S. 19 f.
142 Heydebrand, Renate von und Winko, Simone: Einführung in die Wertung von Literatur, S. 153.
143 Vgl. Schmidt, Siegfried J.: Die Selbstorganisation des Literatursystems im 18. Jahrhundert, S. 286.

> werden. Vor allem macht man ihnen den Vorwurf der Unbildung. Aber was jetzt einsetzt, das ist doch was anderes, nämlich eine Auffassung von künstlerischer Arbeit, bei der von dem tatsächlich vorhandenen Publikum überhaupt abgesehen wird und der Dichter sich einzig durch die Rücksicht auf den idealen Leser bestimmen läßt. Nur noch den eigenen Geschmack und die eigene Überzeugung läßt der Dichter für sein Werk gelten[144]

Obwohl um 1800 nur rund 25 % der Bevölkerung als potenzielle Literaturrezipienten in Frage kamen[145], stieg die Zahl der Leser mit dem Anwachsen des Bildungsbürgertums stetig an.[146] Ungeachtet dessen, dass im ökonomischen Bereich die Bedeutung des Rezipienten bei der Lektüre ästhetischer Texte zunahm, wurde ihm paradoxerweise die Autorität über das Textverständnis abgesprochen. Trotzdem war der Künstler, nachdem er sich von der Gönnerschaft der Aristokratie oder anderen Geldgebern emanzipiert hatte, auf das Publikum angewiesen. In diesem Zusammenhang erörtert Schücking:

> Erst allmählich, mit dem Zurücktreten der Aristokratie im politischen und sozialen Leben und der steigenden wirtschaftlichen und sozialen Bedeutung des Bürgertums wächst ein anderes Publikum heran und die Verhältnisse ähneln den neueren.[147]

144 Schücking, Levin L.: Soziologie der literarischen Geschmacksbildung. Bern: Francke Verlag 1961, S.31.

145 Vgl. Schmidt, Siegfried J.: Die Selbstorganisation des Literatursystems im 18. Jahrhundert, S. 335.

146 Vgl. ebd., S. 338.

147 Schücking, Levin L.: Soziologie der literarischen Geschmacksbildung, S. 22.

5.3 Die Trivialliteratur und die Definitionsagenturen des Hochkulturschemas

Die Begriffe „Trivialliteratur", „Unterhaltungsliteratur" und „Populärliteratur" bezeichnen denselben Bereich, variieren aber in der Konnotation[148] und werden abhängig vom Kontext im folgenden Text verwendet.

Als vermittelnde Instanz und um das gemeine Volk auf die „wahre" Literatur hinzuweisen, entsteht die Profession des Kritikers.[149] Als Zcitpunkt der Einführung des Kritikers im Teilbereich der Literaturverarbeitung wird die Mitte des 18. Jahrhunderts angegeben.[150] Die Rolle des Kritikers ist teilweise mit der allgemeinen literarischen Geschmacksbildung eng verwoben, er wendet sich an eine ganz bestimmte Klientel. So richtete sich Gottsched, laut Schmidt, als einer der ersten ausgewiesenen Kritiker

> an gebildete Laien, deren Geschmack er zu läutern versucht; m. a. W., er tritt als Kunstrichter auf, dessen kompetentes, auf vernünftige Normen gestütztes Urteil dem bloß intuitiven Geschmacksurteil der Laien allemal überlegen ist […][151]

da sich dessen Ideale noch an der Vernunft und der Mustergültigkeit der antiken Literatur, definiert durch die Prinzipien des Aristoteles, orientieren. Daraus ergibt sich eine ambivalente Beziehung zwischen dem Kritiker und dem Publikum, welche Schücking näher ausführt:

148 Vgl. Hecken, Thomas: Theorien der Populärkultur. Dreißig Positionen von Schiller bis zu den Cultural Studies. Bielefeld: Transcript Verlag 2007, S. 8 f.

149 Vgl. Kausch, Michael: Kulturindustrie und Populärkultur. Frankfurt am Main: Fischer Taschenbuch Verlag 1988, S. 126.

150 Vgl. Schmidt, Siegfried J.: Die Selbstorganisation des Literatursystems im 18. Jahrhundert, S. 360.

151 Ebd., S. 362.

> Der Kritiker steht als eine Art ästhetische Aufsichtsbehörde gegenüber dem Publikum dar. Diese Erscheinung hat eine dreifache Wurzel: die Veränderung der Stellung von Kunst und Künstler im Leben, über die bereits gesprochen ist, ferner die gleichfalls schon skizzierte, immer weiter fortgeschrittene Zerklüftung und damit Ohnmacht des Publikums und schließlich die historischen Gründe, die bis in die literarische Revolution des Naturalismus zurückführen. Der harte Kampf, den der Naturalismus gegen die Rückständigkeit eines Publikums führen mußte, das doch beileibe nicht nicht bloß auf dem Gebiet der Kunst zurückgeblieben war, hat mit einer völligen Niederlage des Publikums geendet.[152]

Die Rezeption sensualistischer Ästhetiken aus dem englischen und französischen Raum lässt Kritik an der fehlenden Berücksichtigung des Publikumgeschmacks aufkommen.[153] Während sich im England des 18. Jahrhunderts die bürgerlichen Geschmackstheorien durchgesetzt haben und somit eine allgemeine Akzeptanz der Populärliteratur vorherrschte, galt in Deutschland der frühbürgerliche, liberalistische Anspruch der autonomen Kunst.[154] Mit Kants „Ästhetik der Urteilskraft", in welcher der philosophische Grundstein gelegt[155], und mit Lessings Laokoon-Abhandlung, in der die praktische Anwendung der sensualistischen Wirkungsästhetik eingeführt wird[156], erhält der deutsche Literaturbetrieb ein allgemein akzeptiertes theoretisches Fundament, nach dem er sich, nicht nur in der Gestalt des Kritikers, richten kann.

Hegels Ästhetik vollendet diesen Schritt, indem sie sich dem Ideellen zuwendet und die Kunst zwischen „wahrer Kunst" und den „dienenden", künstlerischen Ablenkungen unterscheidet.[157] Katalysiert durch diese Prozesse entsteht die moderne Herme-

152 Schücking, Levin L.: Soziologie der literarischen Geschmacksbildung, S. 67.

153 Vgl. Schmidt, Siegfried J.: Die Selbstorganisation des Literatursystems im 18. Jahrhundert, S. 363.

154 Vgl. Kausch, Michael: Kulturindustrie und Populärkultur, S. 126.

155 Vgl. Schmidt, Siegfried J.: Die Selbstorganisation des Literatursystems im 18. Jahrhundert, S. 365.

156 Vgl. ebd., S. 366.

157 Vgl. Shusterman, Richard: Unterhaltung: Eine Frage für die Ästhetik, S. 81.

neutik, welche zwischen der Theorie und Praxis der Dichtkunst vermitteln soll.[158] Das Verhältnis vom Kritiker zum Künstler fasst Schmidt wie folgt zusammen:

> Dabei wandelte sich die Einstellung zum Literaturproduzenten dergestalt, daß der Literaturkritiker sich vom (frühaufklärerischen) Richter über den sachkundigen Kritiker, Freund, Diener, und Bewunderer des Autors zum kongenialen Experten und Mitglied einer elitären literarischen Assoziation stilisierte, in dessen ästhetischer Reflexion das Kunstwerk erst zur Vollendung kommen sollte (klassisch-romantische Konzeption).[159]

Aus diesem Verhältnis ergibt sich folgende Beziehung zum Leser:

> Relativ eindeutig läßt sich auch die Entwicklung der Einstellung zum Rezipienten bestimmen: vom Schüler über den kritischen Bürger zum inkompetenten Massenpublikum, dem sich der Kritiker bestenfalls in der Theorie »von oben« zuneigt, um es zu seiner Höhe geläuterter Menschlichkeit »heraufzuziehen«.[160]

Obwohl sich die Wertmaßstäbe der zahlreichen prägenden Akteure in dem Sozialsystem Literatur teilweise überschneiden und – bestimmt durch die jeweilige Rolle – ein anderer Fokus gesetzt wird, sind die einzelnen Akteure dieses Systems finanziell aufeinander angewiesen.[161]

Durch die „Nürnberger Schlußnahme“[162] zum Ende des 18. Jahrhunderts spalteten sich Drucker, Verleger und Sortimenter in Einzelbereiche der Literaturvermittlung auf und ermöglichten so

158 Vgl. Geisenhanslüke, Achim: Einführung in die Literaturtheorien, S. 42.

159 Schmidt, Siegfried J.: Die Selbstorganisation des Literatursystems im 18. Jahrhundert, S. 373.

160 Ebd.

161 Schücking, Levin L.: Soziologie der literarischen Geschmacksbildung, S. 35.

162 Vgl. Handbuch des Buchhandels. Band 1. Hg. v. Horst Machill. Hamburg: Verlag für Buchmarkt-Forschung 1974, S. 59.

das ganze Jahr über die fortwährende und zeitlich unabhängige Buchproduktion.[163]

Durch die Optimierung der Buchdistribution wurden die Bücher einer wachsenden Bevölkerungsmasse zugänglich.[164] Der ökonomische Aspekt gewann dadurch an Bedeutung und die Textproduktion passte sich gezielt dem Lesebedürfnis des Publikums an.[165]

Hervorgerufen durch den ökonomischen Faktor[166] und das wachsende Bedürfnis des Bildungsbürgertums nach unterhaltender Literatur ohne die Weihen eines höheren philosophischen Anspruches entstand die Sparte der Unterhaltungsliteratur, welche auch abwertend als Trivialliteratur bezeichnet wurde und wird. Die feste Verankerung dieser Haltung erläutert Nusser:

> Die Vorstellung von der Zweiteilung der Literatur, der ›guten‹ und der ›schlechten‹, der ›hohen‹ und der minderwertigen, aufgebaut und gefestigt durch die einseitige und bewundernde Orientierung am literarischen Kunstwerks, aufgrund derer alle andere Literatur übersehen oder aber unter ausschließlich ästhetischen Gesichtspunkten am Kunstwerk gemessen und abgeurteilt wurde, ist bis heute im allgemeinen Bewusstsein wenig erschüttert.[167]

Die Kriterien, nach denen literarische Werke kategorisiert und somit entweder der Hochkultur oder der Trivialliteratur zugeteilt werden, richten sich nach dem zeitgenössischen Lesegeschmack und den Theorieströmungen der jeweiligen Epochen und sind nicht fest definierten und objektiv genormten Kriterien unterworfen.[168] So erfahren literarische Werke wie z. B. von Charles Dickens oder populäre Unterhaltungsformen wie z. B. das griechische oder elisa-

163 Vgl. Schmidt, Siegfried J.: Die Selbstorganisation des Literatursystems im 18. Jahrhundert, S. 322.

164 Vgl. ebd., S. 323.

165 Vgl. Nusser, Peter: Trivialliteratur. Stuttgart: Metzler Verlag 1991, S. 21.

166 Vgl. Schmidt, Siegfried J.: Die Selbstorganisation des Literatursystems im 18. Jahrhundert, S. 166 f.

167 Nusser, Peter: Trivialliteratur, S. 8.

168 Vgl. Kausch, Michael: Kulturindustrie und Populärkultur, S. 82.

bethanische Theater, welche zu Lebzeiten als Trivialliteratur oder Volkskunst abgetan wurden, in späterer Zeit durch eine erneute Rezeption eine Renaissance, die sie in die Sphären der Hochkultur emporheben kann.[169]

Um 1800 wurden 25 % der gesamten Bevölkerung als potenzielle Leser angesehen[170]; und als ab der zweiten Hälfte des 18. Jahrhunderts die Lesewilligkeit der immer häufiger alphabetisierten Gesamtbevölkerung durch den Ausbau pädagogischer Institutionen zunahm, entstand auch im Zuge dieses Prozesses ein großes Informationsbedürfnis und somit ein Angebot an Lesezirkeln[171], Lesegemeinschaften, Zeitungen und Zeitschriften, die sich mit Literatur auseinandersetzten und dadurch eine unübersichtliche Masse an Meinungen und Vorlieben zu den literarischen Werken produzierten, welche über ihre spezifischen Kanäle der Öffentlichkeit zugänglich wurden.[172]

Trotz des damaligen Booms des Literaturbetriebes muss man rückblickend bedenken, dass die Verkaufszahlen eines Buches zum Ende des 18. Jahrhunderts nicht mit den heutigen Absätzen zu vergleichen sind. Renommierte Autoren erzielten im Regelfall eine Auflage von 2.000 bis 3.000 Exemplaren.[173] Die Massenproduktion der Bücher setzte erst im 19. Jahrhundert ein und wurde durch technische Erneuerungen[174] wie die Erfindung der Schnellpresse, die Einführung der Stereotypie, die Umstellung des Handsatzes auf die Setzmaschine und die Ablösung der Handbuchbinderei durch die Fadenheftmaschine ausgelöst und gefördert. Durch die zunehmende Verbreitung des Mediums Buch gewöhnten sich die Massen des Bildungsbürgertums an den Vorgang der Lektüre, benutzten unterhaltende Bücher, um sich zu zerstreuen, und vollzogen somit den Übergang von der intensiven zur extensiven Lektüre, welche das Segment der Unterhaltungs- bzw. Trivialliteratur erst entstehen

169 Vgl. Shusterman, Richard: Unterhaltung: Eine Frage für die Ästhetik, S. 74.
170 Vgl. Nusser, Peter: Trivialliteratur, S. 22.
171 Vgl. ebd., S. 23.
172 Vgl. ebd., S. 22.
173 Vgl. ebd., S. 24.
174 Vgl. ebd., S. 36.

ließ.[175] Seit der Entstehung der Verlage und der vermittelnden Rolle des Kritikers wurde von den Vertretern der Hochkultur zum Teil erfolgreich versucht den Konsum „hochwertiger" Literatur zu kanonisieren, um sich so von der Trivialliteratur abzugrenzen. So gab es die Gruppe der „eingeweihten" Lesekonsumenten, bei denen eine gewisse kulturelle Bildung vorausgesetzt wurde, damit sie bei der Lektüre von literarisch hochwertigen Texten auch deren Wert erkennen konnten. Diesem Publikum, das den Autor, sobald er von den Kritikern und dem Literaturbetrieb als hochwertig anerkannt wurde, als einen genialen Schöpfer nach den o. g. Konzepten der Autonomieästhetik idealisierte, wurde gleichzeitig die Fähigkeit eines kritischen Umgangs mit der angebotenen Literatur abgesprochen. Wenn die Leser kanonisierte Texte nicht als hochwertig empfanden, dann wurde ihnen eine mangelhafte Bildung attestiert, aus der das Unverständnis bei der Textrezeption resultierte. In diesem Zusammenhang schreibt Schulze treffend:

> Es ist nicht der innere Wert des gehobenen Kulturguts allein, der es zum Schweben bringt. Erst ein kollektiver Definitionsprozeß, an dem Kulturproduzenten, Kulturkonsumenten, vor allem aber Kulturvermittler (Redakteure, Rezensenten, Kunstkritiker, Moderatoren von Kulturmagazinen, Professoren, Lehrer, Veranstalter) beteiligt sind, lädt bestimmte ästhetische Angebote so stark mit dem Stigma der Unvergänglichkeit auf, daß jene Aura entsteht, die ein Werk selbst dann noch (oder gerade dann) adelt, wenn man nichts damit anfangen kann: Ich verstehe es zwar nicht, aber es ist Kunst, weshalb das Unverständnis nicht dem Werk, sondern meinem Unverstand anzulasten ist.[176]

Die zahlreichen Definitionsagenturen wie z. B. das Bildungssystem, die Printmedien, kunstgeschichtliche Arbeiten sowie die Programmpolitik öffentlicher Bühnen bewerteten die jeweils zeitgenössischen Werke nach ihrer hochkulturellen Tauglichkeit und

175 Vgl. ebd., S. 25.
176 Schulze, Gerhard: Die Erlebnis-Gesellschaft, S. 137.

integrierten sie je nach Wohlgefallen in den losen Verbund des hochkulturellen Kanons.[177]

Eine klare Definition, wonach sich ein Werk in den Bereich des Hochkulturschemas einordnet, gibt es nicht. Die Zuordnung ergibt sich allein aus der Reputation der Werke, postuliert durch das „gebildete Establishment" in den jeweiligen Schlüsselpositionen der Definitionsagenturen, welche in den Werken nach formalen Strukturen eines „gebildeten Autors" suchen.[178] Diese Prozesse führten zu der Entstehung der Hochkultur als eigener Teil des Literaturbetriebes. Oft spiegelte die Meinung der Definitionsagenturen nicht den Geschmack des breiten Lesepublikums wider, wie Schücking ausführt:

> Nun aber entwickelt sich in Deutschland eine vorher in diesem Maße ungekannte Erscheinung, die in der ästhetischen Bewegung ihren Vorläufer hat; die Kluft zwischen Publikum und Künstler wird immer größer. Der literarische Ruhm eines Dichters oder Schriftstellers in Zeitschriften und Tagesblättern steht jetzt oft in gar keinem Verhältnis zu seiner Verbreitung im Publikum, weil die Kunstideale zu sehr auseinandergehen.[179]

Die Diskrepanz zwischen dem Geschmack der Gesellschaft und dem zugesprochenen Wert der Werke durch die Vertreter der Hochkultur begründet sich nach Gabler wie folgt:

> Zweckfreiheit und Weltferne entheben die Werke der ‚wahren Poesie' dem Zuständigkeitsbereich des Geschmacks, der in Produktion und Rezeption den Normen der Gesellschaft folgt und als Signum einer zweck- und öffentlichkeitsgerichteten Literatur erkannt wird.[180]

177 Vgl. ebd., S. 142 f.
178 Vgl. ebd., S. 147.
179 Schücking, Levin L.: Soziologie der literarischen Geschmacksbildung, S. 41.
180 Gabler, Hans-Jürgen: Geschmack und Gesellschaft. Frankfurt am Main: Verlag Peter Lang 1982, S. II.

Paradoxerweise entsteht im Zuge der autonomieästhetischen Auratisierung[181] des Kunstwerks eine Verschiebung des Rezeptionsinteresses vom Werkgehalt zur Subjektivität des Rezipienten.[182] Poetry Slam kann als vorläufige Spitze dieser Entwicklung angesehen werden, da sich der Autor dem subjektiven Diktat der Rezipienten bei einer leiblichen Ko-Präsenz aussetzt.

Wenn Roland Barthes in seinem Werk „Der Tod des Autors" den Biographismus und die Deutung des Textes über den Verfasser kritisiert[183], dann bricht das mit dem Leitmotiv des „Geniegedankens".[184] Die Rezeption der schriftlichen Texte ist vom Verfasser isoliert und der Sinn der Texte ergibt sich aus der eigenen Reflexion. Diesen Punkt erörtert Waldmann:

> Welche Bedeutungsaspekte und Nuancen im paradigmatischen Bereich aus dem ästhetisch aufgeschlossenen Bedeutungsspektrum der Textkonstituenten selektiert, welche bestimmten ästhetischen Bedeutungen aus den polyfunktionalen Signifikanten generiert werden, hängt davon ab, welche Bedeutungen, Bedeutungsrichtungen und Aspekte in den Selegaten für den bestimmten Rezipienten mehr oder weniger und überhaupt wertbesetzt sind.[185]

Gerade die im Slamformat dargebotene Bühnenpoesie stellt die Wiedergeburt des Autors dar. Denn ein live vorgetragener Text, konzipiert für die Bühne, ist unwiderruflich an die Präsenz seines Verfassers gebunden. Autor und Publikum sind zur selben Zeit am selben Ort. Nur durch die eigene Interpretation seitens des Verfas-

181 Stoessel, Marleen: Aura. Das vergessene Menschliche. Zur Sprache und Erfahrung bei Walter Benjamin. München: Carl Hanser Verlag 1983, S. 43–46.

182 Vgl. Bürger, Christa: Philosophische Ästhetik und Populärästhetik. Vorläufige Überlegungen zu den Ungleichzeitigkeiten im Prozeß der Institutionalisierung der Kunstautonomie. In: Zum Funktionswandel der Literatur. Hg. v. Peter Bürger. Frankfurt am Main: Suhrkamp Verlag 1983, S. 117.

183 Vgl. Kleindienst, Robert: Beim Tode! Lebendig! Paul Celan im Kontext von Roland Barthes' Autorenkonzept. Eine poetologische Konfrontation. Würzburg: Verlag Königshausen & Neumann 2007, S. 29–32.

184 Vgl. Assmann, Aleida: Einführung in die Kulturwissenschaft, S. 79.

185 Waldmann, Günter: Theorie und Didaktik der Trivialliteratur. München: Wilhelm Fink Verlag 1973, S. 87.

sers, die Interaktion, die Mimik und die Gestik kann der Text bei einem Poetry Slam dem Publikum erfolgreich vermittelt werden. Bei der Hochkultur verdrängen soziale Faktoren den wahren individuellen Wert, den ein Kunstwerk für einen Konsumenten haben kann. Aus der Furcht vor sozialer Ächtung oder davor, ungebildet zu wirken, konsumiert man kanonisierte Werke, um sich als Träger einer gewissen geisteswissenschaftlichen Bildung präsentieren zu können. Der eigene Geschmack und das individuelle Textverständnis werden verdrängt und in die Hände auserlesener Experten gegeben, welche dann die künstlerischen Produkte den Massen anbieten bzw. vorenthalten. Schulze erläutert diesen Sachverhalt wie folgt:

> Wonach urteilt das Publikum? Daß hier die wirklichen Kenner, welche die Abstufungen der Annäherung an die genannten Standards beurteilen und die Schattierungen persönlicher Eigenart empfinden können, in der Minderheit sind, zählte schon immer zu den Merkwürdigkeiten des Hochkulturbetriebs. Es geht um Qualitäten, über die alle reden, für die aber nur wenige das Wahrnehmungsvermögen besitzen. Ob eine Darbietung gut oder schlecht war, ist für Normalkonsumenten nur mit Hilfestellungen zu entschlüsseln: Rezensionen, Attribute der Darsteller (Berühmtheit), Pausengespräche mit Personen, die als Kenner gelten, Beifallsstärke. Das komplizierte Urteil über die Interpretation gründet sich oft auf einfache Beobachtungen, die darüber kaum Aufschluß geben können: ob der Pianist auswendig gespielt hat, wie schnell er war, ob er daneben gegriffen hat, wie eindrucksvoll er sich bewegt hat. Ohne Autosuggestion und eine Vielzahl eingeschliffener Routinen zur Reduktion von Unsicherheit wäre die Hochkulturszene nicht vorstellbar.[186]

Der *Slammaster* und die Poeten hingegen fordern das Publikum auf, emotional und lautstark an den Texten teilzuhaben. Beim Slam wird geschrien, geraucht, geflüstert, gegähnt und gejubelt.

Dagegen spiegeln sich die Ehrfurcht vor dem Kunstwerk und der Respekt vor dem Autor in der Etikette und dem Verhalten des

186 Schulze, Gerhard: Die Erlebnis-Gesellschaft, S. 476.

Hochkulturpublikums wider. Die Künstler auf der Bühne sollen praktisch nicht merken, dass ein Publikum überhaupt anwesend ist:

> Hochkulturelle Alltagsästhetik ist geprägt von einer Zurücknahme des Körpers. Konzentriertes Zuhören, stilles Betrachten, versunkenes Dasitzen – fast immer befindet sich der Organismus im Ruhezustand. Heftigere körperliche Reaktionen wie Klatschen, Pfeifen, Bravo- oder Buhrufe sind nur im Anschluß an die Darbietung möglich, nicht mittendrin (ganz im Gegensatz zur Jazz- und Rockmusik, über die an anderer Stelle noch zu sprechen sein wird). Tränen, Seufzen, laute Heiterkeitsausbrüche, Erröten, Mitsingen und andere körperliche Formen des Mitgehens verstoßen gegen den Kodex vergeistigter Empfangshaltung des kunstgenießenden Publikums. Bei Schilderungen des Kunsterlebnisses herrschen Vokabeln vor, die psychische Erlebnisqualitäten gegenüber physischen in den Vordergrund stellen: Verklärung, Versenkung, Verinnerlichung, Betroffenheit, meditative Ruhe, Ergriffensein und ähnliches.[187]

Schulze beschreibt das Hochkulturpublikum der Gegenwart als einen sozialen Raum mit seinen eigenen Codes und Ritualen:

> Zwar haben sich die Kleidungssitten gelockert, doch herrscht immer noch eine gewisse Feierlichkeit. Regungslos verfolgt das Publikum die Darbietungen; selbst das Husten und Räuspern wird auf die Pausen verschoben. Am Gefühl der Peinlichkeit, das aufkommt, wenn jemand klatscht, obwohl das Stück noch nicht zu Ende ist, läßt sich die rigorose soziale Normierung der Situation ermessen: Kompetenz, Konzentration, Schweigen sind verbindlich für alle. Gemeinsam praktiziert man Kontemplation als Erlebnismuster des Hochkulturschemas. Erst wenn das Stück zu Ende ist, geht das Publikum zum Zeremoniell des Klatschens über. Der Pianist kommt dreimal auf die Bühne, bis er sich schließlich vom Beifall zur Zugabe bewegen läßt, der einzigen erlaubten Form von Spontaneität und Publikumsbeteiligung.[188]

187 Ebd., S. 143.
188 Ebd., S. 476.

Er prognostiziert für die Entwicklung der Hochkultur Folgendes:

> Allerdings ist anzunehmen, daß die distinktive Bedeutung des Hochkulturschemas immer mehr ihren hierarchischen Charakter verliert. Mit der Popularisierung der Hochkultur ist viel von ihrer Exklusivität verlorengegangen. Kultiviertheit im Sinne von Bildung und Kunstbeflissenheit hat nicht mehr denselben Prestigewert wie noch zu Beginn der sechziger Jahre. Die subjektive Nähe zum Hochkulturmotiv ist immer weniger eine Art ständischer Vorschrift besserer Kreise, kaum noch verleiht sie ihrem Träger ein intellektuelles Adelsprädikat. Sie ist Privatvergnügen wie vieles andere auch.[189]

War der hochkulturelle Bereich früher ein prestigeträchtiger Ort, dessen Zugang von einer großen Masse der Gesellschaft begehrt, aber nicht jedem gewährt wurde, so hat er bis in die Gegenwart durch die Herausbildung eines alternativen kulturellen Erlebnismarktes an Dominanz und Wichtigkeit verloren.

> Mit dem machtvollen Impuls, den die Hochkulturszene im 18. und 19. Jahrhundert für die Entstehung bürgerlichen Bewußtseins gab, ist die kollektive Selbsterfahrung des Niveaumillieus in der heutigen Hochkulturszene nicht mehr vergleichbar. Die Szene hat nicht nur ihre Exklusivität verloren, sondern auch ihre Dominanz auf dem Erlebnismarkt- Zahllose konkurrierende Erlebnisangebote sind hinzugekommen, so daß die Veranstaltungen der Hochkulturszene nicht mehr das gesellschaftliche Ereignis des jeweiligen Tages sein können, sondern immer nur eines von vielen.[190]

Natürlich unterlag nicht der gesamte Literaturbetrieb der o. g. Kanonisierung und dem Hochkulturschema. Viele Verlage, die teilweise Trivialliteratur und vor allem einen eigenen künstlerischen Anspruch abseits der gängigen Kanonisierung vertraten, brachen

189 Ebd., S. 145.
190 Ebd., S. 478.

durch den wirtschaftlichen Erfolg und aufgrund des anhaltenden Erfolgs beim Publikum die gängigen Exklusionsmechanismen der Hochkultur auf, was auch Schückings Aussage unterstreicht:

> Obgleich neuerdings viele Verlage reine Geschäftsunternehmungen sind, und der persönliche Geschmack des Inhabers, wenn überhaupt vorhanden, hinter dem kritischen Urteil seines oder seiner vor der Mitwelt verdeckt arbeitenden »Leser« zurücktritt, haben in das Geschmacksleben der Zeit auch jüngst noch richtungsbetonte Verlage entschieden eingegriffen. Durch erfolgreiche Unternehmungen haben sie einen Weg zum Publikum gefunden, das in der Annahme neuer Werke durch sie eine gewisse Gewähr für deren literarischen Wert sieht.[191]

Parallel dazu bildet sich ein eigener Geschmack im Bildungsbürgertum, der sich aber in seiner Autonomie erst in der Postmoderne entfaltet. Im Hinblick auf die Trivialliteratur konkretisiert Waldmann:

> Eine inzwischen immer intensivere Beschäftigung mit derjenigen Literatur, die von der traditionellen literarischen Wertung notorisch mindergewertet wurde, der Trivialliteratur, hat die Fragwürdigkeit und Unbrauchbarkeit vieler ihrer Kriterien und Ergebnisse erkennen lassen.[192]

Um den Gegensatz zwischen der Hochkultur und der Popkultur zu erläutern, ist es notwendig, eine exemplarische Theorie hochkultureller Konzepte zu erörtern.

5.4 Kulturindustrie und Popkultur

Die wohl bekannteste Legitimation der Zweiteilung künstlerischer Werke in „hohe“ und „niedere“ Bereiche ist der Aufsatz „Kulturindustrie. Aufklärung als Massenbetrug“ aus dem Werk „Die Dialek-

191 Schücking, Levin L.: Soziologie der literarischen Geschmacksbildung, S. 56.
192 Waldmann, Günter: Theorie und Didaktik der Trivialliteratur, S. 78.

tik der Aufklärung“ von Horkheimer und Adorno. In der Tradition der autonomen Kunst berufen sich beide in ihrer Kritik der Kulturindustrie auf Kant.

> Die Leistung, die der kantische Schematismus noch von den Subjekten erwartet hatte, nämlich die sinnliche Mannigfaltigkeit vorweg auf die fundamentalen Begriffe zu beziehen, wird dem Subjekt von der Industrie abgenommen.[193]

Von Adorno und Horkheimer werden die Definitions- und Produktionsagenturen der Kulturindustric kritisiert, welche die Massen im Hinblick auf den Konsum der massentauglichen Kunstwerke manipulieren.[194]

Diese Agenturen haben demnach eine ökonomische Motivation. Adorno teilt die Kunstproduktion, angelehnt an Marx, in Kunstwerke mit Gebrauchswert und Kunstwerke mit Tauschwert ein.[195] Hierbei prangert er zu Recht an, dass der autonome Charakter der Kunstwerke durch ihre Wertumstellung von Kunstwerken mit Gebrauchswert auf Kunstwerke mit Tauschwert verloren gehen kann. Unerwähnt bleibt aber, dass es auf der anderen Seite auch die Definitionsagenturen der hohen Kunst gibt, welche durch ihren ästhetischen Anspruch an die Kunst viele Werke nach pauschalisierten Kriterien bewerten und diesen keinen qualitativ hohen Eigenwert zugestehen.

Das Kritische an der Zweiteilung der Kunst ist nicht der Anspruch, der an sie gestellt wird, sondern es sind die Kriterien, denen sie sich unterwerfen soll. Kunst soll nicht der Zerstreuung dienen, sich nicht selbst reproduzieren, sondern autonom sein. Dabei wird nicht konkret und exakt formuliert, woran die Einzigartigkeit festzustellen ist. Dies führt zum selben Ergebnis, weshalb die Kulturindustrie kritisiert wird – nur mit einem spiegelverkehrten

193 Adorno, Theodor W.: Kulturindustrie. Aufklärung als Massenbetrug. In: Dialektik der Aufklärung. Gesammelte Schriften. Band 3. Hg. v. Max Horkheimer und Theodor W. Adorno Frankfurt am Main: Suhrkamp Verlag 1981, S. 145.

194 Vgl. ebd., S. 146.

195 Vgl. ebd., S. 181 f.

Anspruch. Die Kulturindustrie produziert Kunstwerke, die der Zerstreuung dienen, und ist ökonomisch orientiert. Die Hochkultur konsumiert Kunstwerke nach Kriterien[196], die sich nur schwer einheitlich definieren lassen und erst durch die Anerkennung von den unsichtbaren Vertretern der hochkulturellen Definitionsagenturen als würdige Kunstwerke gelten. Die Hochkultur reproduziert keine einheitlichen Kunstwerke wie die Kulturindustrie, sondern reproduziert einen eigenen, uneinheitlichen Geschmack[197] verbunden mit dem illusionären Anspruch auf Einheitlichkeit. In der Kulturindustrie wird die Elite der kapitalistischen Unterhaltungsindustrie kritisiert, jedoch präsentiert sich Adorno in diesem subjektiv geschriebenen Schriftstück als Teil einer widersprüchlichen Bildungselite[198], welche die Statuten wahrer Kunstwerke letztendlich nach dem eigenen Geschmack[199] aufstellt, in dessen Rahmen die Wahrheit gegenüber dem Vergnügen Vorrang hat[200] und der sich, abgegrenzt vom ungebildeten Rezipienten, in seinem elitären Elfenbeinturm gefällt.

Der Anspruch, nur Kunstwerke mit einem gewissen „kulturellen Wert“ zu fördern, zu preisen, auszustellen oder als solche anzuerkennen, reproduziert einen Kanon hochkultureller Bildung, welcher viele Kunstwerke ausschließt.[201] Die Gefahr, die sich in diesen Exklusionsmechanismen verbirgt, ist die pauschalisierte Herabwürdigung künstlerischen Schaffens seitens der hochkulturell ausgerichteten Institutionen.

Horkheimer und Adorno kritisieren z. B. Hemingway[202] und die Musikgattung Jazz[203] als Auswüchse der Kulturindustrie. Hemingway hat den Literaturnobelpreis bekommen und die Musikgattung Jazz ist gegenwärtig kompatibel mit den Definitionsagenturen des Hochkulturschemas. Zum einen zeigt dies, dass die Auswahlprin-

196 Vgl. Kausch, Michael: Kulturindustrie und Populärkultur, S. 86.
197 Vgl. Shusterman, Richard: Unterhaltung: Eine Frage für die Ästhetik, S. 82.
198 Vgl. Kausch, Michael: Kulturindustrie und Populärkultur, S. 105.
199 Vgl. ebd., S. 93.
200 Vgl. Shusterman, Richard: Unterhaltung: Eine Frage für die Ästhetik, S. 84.
201 Vgl. Kausch, Michael: Kulturindustrie und Populärkultur, S. 84.
202 Vgl. ebd., S. 165.
203 Vgl. ebd., S. 176.

zipien des Hochkulturschemas der Gegenwart hinterherhinken, sprich zeitversetzt eintreten und gewisse ausgeschlossene Bereiche der Kunst im Nachhinein in ihr Repertoire einverleiben.[204] Zum anderen zeigt es auch die Schwächung des grundlegenden Prinzips des Hochkulturschemas in der Postmoderne auf, da die vorgenommene Zuweisung in dem einen oder anderen Bereich im hohen Maße kontextabhängig ist.[205] Kreuzer forderte schon in den 1960er Jahren in seinem Aufsatz „Trivialliteratur als Forschungsproblem", dass die Wissenschaften analysieren und keine Geschmacksurteile abliefern sollten.[206] Die Zweiteilung der Kunst ist trotz all der objektiv dargelegten Kriterien dem persönlichen Geschmack unterworfen und grenzt künstlerisch Wertvolles genauso aus wie die Kulturindustrie. Besonders deutlich wird dies bei Kauschs Beschreibung bezüglich Adornos Meinung zum Jazz:

> Auch sind die Produkte niederer Kunst schon deswegen nicht einfach gutzuheißen, weil sie immer zugleich Resultat gesellschaftlicher Unterdrückung waren. So mag Adorno dem »schwarze Wurzeln« vielleicht noch zugestehen, doch rechtfertigen diese noch lange nicht eine Neuauflage jener »authentischen« Jazzmusik, handelt es sich bei dieser doch um Sklavenmusik, um einen wahren, aber jämmerlichen Ausdruck des Jammers, der Unfreiheit. Kunst aber muß aus der Freiheit kommen.[207]

Dass Kunst nicht in Gefangenschaft, sondern nur in Freiheit produziert werden kann, offenbart eine idealisierte Auffassung der Kunstproduktion und wird allein durch die heutige allgemeine Anerkennung der Virtuosität des Jazz oder des Blues entkräftet. Adornos Haltung zur Jazzmusik wurde in einem berühmten Aufsatz auch von Steinert kritisiert.[208]

204 Vgl. Schulze, Gerhard: Die Erlebnis-Gesellschaft, S. 142.
205 Vgl. Shusterman, Richard: Unterhaltung: Eine Frage für die Ästhetik, S. 74.
206 Vgl. Hecken, Thomas: Theorien der Populärkultur, S. 96 f.
207 Kausch, Michael: Kulturindustrie und Populärkultur, S. 121.
208 Vgl. Steinert, Heinz: Die Entdeckung der Kulturindustrie oder: warum Herr Professor Adorno Jazz-Musik nicht ausstehen konnte. Wien: Verlag für Gesellschaftskritik 1992, S. 7.

Zwischen dem hochkulturellen Kanon und den Produktionen der Kulturindustrie besteht eine Grauzone künstlerischen Schaffens, welche nicht in die vorgefertigten Raster dieser künstlich geschaffenen Dichotomie passt. Dass Poesie unabhängig und losgelöst von der Dichotomie von hoher und niederer Kunst funktionieren und einen Platz in der Mitte des öffentlichen Lebens einnehmen kann, hat T. S. Eliot, wie Shusterman beschreibt, bereits in den 50er und 60er Jahren formuliert:

> Indem er die Opposition von ästhetischen Vergnügen und Kognition dekonstruierte, wollte Elliot auch die Dichotomie von Hoher Kunst – (in Hegelianischer Manier) mutmaßlich der erhabenen Wahrheit gewidmet – und vulgären populären Unterhaltungsformen auf der anderen Seite herausfordern, die mutmaßlich bloßem Vergnügen Vorschub leisten. An ihrer statt sieht Elliot ein Kontinuum von Hoher Kunst und Unterhaltung und besteht dementsprechend darauf dass der gute Dichter „gerne so etwas wie ein populärer Entertainer wäre [...] gerne die Freuden der Poesie vermitteln würde." In einer beißenden Demystifizierung romantizistischer Vorstellungen des Poeten als prophetischem Genie und als Wahrnehmungsinstanz tiefsinniger Wahrheiten formuliert Eliot, dass er dem Poeten gerne „eine zu spielende Rolle in der Gesellschaft" sichern würde, ebenso so wertvoll wie des „‚music hall'-Comedians", und er verlagerte seine poetischen Anstrengungen wohlüberlegt ins Theater, um ein größeres Publikum zu erreichen. Als leidenschaftlicher Fan der ‚music hall' erkannte Eliot, dass es naiv ist, von den Publika der Hohen und der Populären Kunst dergestalt zu sprechen, als seien diese unverbundene Öffentlichkeiten, ebenso wie es falsch ist zu denken, Werke der Hohen Kunst könnten keine breitenwirksame Popularität erlangen, oder dass Werke aus der Populären Kultur des Volkes keinen hohen ästhetischen Wert erreichen können.[209]

Dass sich Eliots Wunsch heutzutage fast komplett im Eventformat Poetry Slam erfüllt, darauf verweist der Hype von Poetry Slam. Marcuse hat in seinem Buch „Der eindimensionale Mensch"

209 Shusterman, Richard: Unterhaltung: Eine Frage für die Ästhetik, S. 85.

argumentiert: „Was heute geschieht, ist nicht die Herabsetzung der höheren Kultur zur Massenkultur, sondern die Widerlegung dieser Kultur durch die Wirklichkeit.“[210] Die höhere Kultur hat demnach die Gesellschaft negiert und ihre eigene Entfremdung gegenüber den Theatern, Opern, Salons und anderen etablierten Kulturstätten der Hochkultur gefeiert.[211]

Das Hochkulturschema wurde dadurch liquidiert, dass es „durch die fortscheitende technologische Gesellschaft“[212] z. B. als Reklameartikel bzw. zu Ausschmückungszwecken in die Gesellschaft einverleibt und somit von dem hohen Sockel der elitären Verehrung gestoßen wurde. Die Einverleibung jeglicher literarischer Kunstformen wird auch beim Poetry Slam zelebriert und ist durch seine Intertextualität bezüglich der Klassiker der Hochkultur und der Nutzung klassischer Gedichtformate, welche neben Kurzgeschichten und Rap vorgetragen werden, paradigmatisch für diesen Vorgang der Entsublimierung.

Die Populärkultur, die sich aus den Begebenheiten der Moderne immer weiter entwickelt hat, ist nicht nur eine Massenkultur, sondern auch eine Kultur der Masse. Sie bezieht jegliche Form der Kunst in ihre Kultur ein, ohne diese einer explizit kritischen Hinterfragung zu unterziehen. Das von Benjamin ausgerufene Zeitalter der technischen Reproduzierbarkeit des Kunstwerks zerstörte zwar die Aura und die Vorstellung von der Einzigartigkeit des Kunstwerks[213], jedoch hatte es auch positive Effekte wie z. B. die „stärkere Inklusion weiter Bevölkerungsteile in die gesellschaftlichen Institutionen“[214] oder die „individuelle Wahlfreiheit bzw. für die mit den Produktivitäts- und Spezialisierungsfortschritten verbundenen Konsummöglichkeiten aus einem massenhaft hergestellten, pluralen Angebot von Kulturgütern“.[215]

210 Marcuse, Herbert: Der eindimensionale Mensch. Studien zur Ideologie der fortgeschrittenen Industriegesellschaft. Hg. v. Heinz Maus und Friedrich Fürstenberg. Neuwied und Berlin: Hermann Luchterhand Verlag 1967, S. 76.

211 Vgl. ebd., S. 83.

212 Vgl. ebd., S. 84.

213 Vgl. Mersch, Dieter: Ereignis und Aura, S. 148–150.

214 Hecken, Thomas: Pop. Geschichte eines Konzepts 1955–2009. Bielefeld: Transcript Verlag 2009, S. 59.

215 Ebd.

Die Pluralität des Kunstwerks wird in den Entwicklungen der Populärkultur zum Stoff für neue Kunst. Beispiel hierfür sind die Werke Andy Warhols, welche mit den Reproduktionstechniken spielen[216], oder Samplingtechniken zeitgenössischer Rap- bzw. Elektronikmusik, welche als moderne Form des Zitats und massenhafter Reproduktion von Botschaften bzw. symbolischer Identifikation verstanden werden können.[217]

Was Poetry Slam von allen Hochkulturschemata unterscheidet, ist sein Anspruch an die Kunst. Die Hochkulturschemata, welche sich an den von der Genieästhetik abgeleiteten Forderungen an das künstlerische Schaffen orientieren, haben eine durch die Unzugänglichkeit des Volkes zur hochkulturellen Kunst entstandene Distanz zwischen Autor und Publikum geschaffen.

Dieser Graben zwischen Autor und Publikum wird vor allem bei den „Wasserglaslesungen“ deutlich, die durch körperliche Zurückhaltung und eine partielle Verständnislosigkeit der Zuhörer gekennzeichnet ist. Gerade bei öffentlichen Lesungen wird der durchschnittlichen Zuhörerschaft eine ganz bestimmte Position aufgedrängt: Entweder man begreift und erfreut sich an der dargebotenen Kunst oder man ist nicht „gebildet“ genug, um sie zu verstehen. An dieser Stelle punktet Poetry Slam durch seine unmittelbare Zugänglichkeit. Slamtexte werden für das breite Publikum geschrieben.

> Es gibt irgendwo eine Ebene, auf der der Slamtext sofort den Zuschauer, ob 's nun durch ne Performance ist oder durch 'nen Rhythmus, durch, durch Emotionalität, durch Witz – es gibt immer eine Ebene, da, wo der Zuschauer sich direkt dran festhalten kann, dann kann 's auch ruhig so sein, dass die Leute nachher drüber nachdenken oder es alles so ein bisschen sacken muss, bevor die geschnallt haben, was eigentlich deine Aussage ist oder so, aber es muss halt eine direkte Zugänglichkeit bieten, weil man das nicht, weil man sich nicht die Zeit nehmen kann, die man selber braucht, um 'nen Text zu verstehen wie beim

216 Vgl. ebd., S. 85.

217 Vgl. Bonz, Jochen: Sampling. Eine postmoderne Kulturtechnik. In: Kulturschutt – über das Recycling von Kulturen. Hg. v. Christoph Jacke, Eva Kimminich, Siegfried J. Schmidt. Bielefeld: Transcript Verlag 2006, S. 334 f.

> Lesen oder beim Hörspiel, sondern du musst es halt in fünf Minuten schnallen.[218]

Die Bewertungsmöglichkeit lässt das Publikum stärker am Text partizipieren und versetzt es in eine autonomere Position, als die hierarchisch strukturierte Position des Hochkulturpublikums es zulässt.

Beim Poetry Slam definiert sich der Anspruch an die Kunst bzw. an die literarischen Texte durch die Anerkennung des Publikums. Dabei ist es irrelevant, woher die Anerkennung rührt. Da es beim Slam keine inhaltlichen oder formalen Vorgaben gibt, können durchaus Texte vorkommen, welche auch in das Hochkulturschema passen würden. Jedes Individuum im Publikum kann für sich selbst entscheiden, ob der Vortrag seinen Ansprüchen an Literatur genügt, und ihn dementsprechend bewerten. Ob jemand die Horazische Formel „prodesse et delectare" anwendet, ob jemand nur danach bewertet, ob die Darbietung ihn unterhält, oder ob jemand die Texte nach den kulturkritischen Kriterien Adornos bewertet, wird jedem Einzelnen und seinem mitgebrachten Wertekatalog überlassen. Sofern zufällig mehrere verschiedene Positionen und Geschmäcker durch die Dramaturgie des Abends in die Bewertung miteinbezogen werden, können verschiedene konträre Auffassungen und Ansprüche an die Kunst in die Bewertung einfließen. Einer der Gründe dafür, warum Poetry Slam so populär geworden ist, ist die Tatsache, dass keine Ansicht, sowohl in der Textproduktion als auch in der Textbewertung, ausgeschlossen wird. Durch einen demokratischen Akt erreicht das Publikum durch die Bewertung einen einheitlichen Konsens und kürt einen oder mehrere Sieger des Abends.

Von Aristoteles und Kant bis zu den führenden Köpfen der Cultural Studies haben sich die Denker und die Vertreter der Geisteswissenschaften mit der Problematik der wahren Kunstproduktion auseinandergesetzt. Trotz aller wissenschaftlichen Bemühungen werden die Leitsätze und Ansprüche an die Kunst bei der sinnlichen Wahrnehmung eines Poetry Slams außer Kraft gesetzt. Die Zuschauer sind hier einer Situation ausgesetzt, die sehr viele For-

218 Interview mit Sebastian 23 (12. Februar 2010, Berlin).

men der Textproduktion vereint und zulässt. Der Anspruch an die Literatur der unterschiedlichen wissenschaftlichen Strömungen wird beim Poetry Slam dadurch ad absurdum geführt, dass jegliche Form von textlicher Präsentation erlaubt ist und die Vielfalt gegenüber dem Dogmatismus vorgezogen wird. Es stellt sich nun die Frage, ob die aufgeführten Texte klassifiziert und einem hypothetischen Genre „Slam Poetry“ zugeordnet werden können.

Kommentar zu Kap. 5.5

Ist Slam Poetry ein eigenes Genre? Diese Frage lässt sich auf den ersten Blick gar nicht so einfach beantworten und auch auf den zweiten Blick gibt es keine exakte Antwort auf diese Frage. Wenn ich an Schulen Workshops gebe und mit den Schülern Performance- und Schreibübungen praktiziere, dann wird mir die Spezifität der Bühnensituation beim Poetry Slam immer wieder bewusst. Ich versuche, meinen Schülern zu vermitteln, dass der Zuhörer der Schlüssel für einen gelungenen Bühnenauftritt ist. Man muss versuchen, die Menschen für seine Texte zu begeistern. Wer einen sperrigen Text unverständlich und nuschelnd auf der Bühne vorliest, hat eigentlich beim Poetry Slam nichts verloren, aber es ist auch gut, dass es immer wieder vorkommt, damit die Leute auch mal ein abschreckendes Beispiel zu sehen bekommen zwischen den vielen talentierten, jungen Poeten, die sich heutzutage auf den Slams tummeln. Es bedeutet nicht zwangsläufig, dass diese sperrigen Texte nicht qualitativ gut sind, sondern, dass sie sich nicht für die flüchtige Situation auf der Bühne eignen und besser gelesen werden sollten. Darum sage ich meinen Schülern, dass sie sich die Aufmerksamkeit der Zuhörer verdienen müssen, um ihre Herzen gewinnen zu können. Wenn man einen Text schreibt, dem man gerne selbst zuhören würde, auch wenn er von jemand anderem geschrieben wäre, dann ist man schon auf dem richtigen Weg. Es gibt viele Kriterien, die man beachten, und Techniken, die man beherrschen sollte, wenn man auf eine Slambühne geht, wie z. B.: Intonation, inhaltliche Dichte, pointiertes Schreiben, ein sauberes Metrum, der richtige Umgang mit dem Mikrofon, schauspielerische Elemente, authentisches Auftreten und so weiter und so weiter. Gerade weil man so viele von diesen Dingen gleichzeitig nur beim Poetry Slam beachten muss, weist es auf eine gewisse Spezifität hin. Und eine gewisse Spezifität in der Literatur weist immer auf ein gewisses Genre hin. Poetry Slam ist aber in erster Linie ein Format, in dem alles passieren kann. Es ist die Idee einer poetischen Möglichkeit, ohne eine bestimmte Form zu fordern. Die

Forderung nach einer bestimmten Form ist aber ein Hauptmerkmal für ein Genre, was wiederum gegen die Betrachtung des Slam Poetry als Gerne spricht. Man dreht sich bei dieser Frage also ständig im Kreis und man weiß nicht mehr, was Schwanz und was Maul war und ob sich da überhaupt jemand beißen wollte.

5.5 Kriterien für eine Genrebildung von Slam Poetry

Slam Poetry ist der Gattungsbegriff für alle Stücke, die innerhalb des Eventformats Poetry Slam vorgetragen werden. Die Stücke verwenden oft eine massentaugliche Alltagssprache und sind darauf bedacht, durch visuelle und akustische Mechanismen emotionale Affekte bei den Zuschauern auszulösen. Slamtexte werden aufgrund ihres affektiven und kommunikativen Charakters der Populärliteratur zugeordnet. Es stellt sich jedoch die Frage, ob Texte, die bei einem Slam vorgelesen werden, überhaupt einem Genre oder einer bestimmten Gattung zugeordnet werden können.

Die Implikationen, welche sich aus der Oralität und dem Wettbewerbscharakter dieser Kunstform ergeben, provozieren eine gewisse Erwartungshaltung seitens des Publikums an den *Slammer* bezüglich der Form bzw. der Wirkung der Texte.

Der Text sollte in diesem Zusammenhang einem Großteil der Zuschauer gefallen, muss es aber nicht. Viele *Slammer* möchten aber diese Erwartungshaltung erfüllen und schreiben ihre Texte mit dem Anspruch, eine direkte Wirkung beim Publikum zu erzielen. Es treten allerdings immer auch Akteure auf, die diese Wirkung, gewollt oder ungewollt, beim Publikum nicht erreichen. Entweder erzeugt der Text die angestrebte Wirkung nicht oder sie sind nicht darauf bedacht, die größtmögliche Wirkung beim Publikum zu kreieren, und versuchen eventuell nur, die ein oder zwei Seelenverwandten im Publikum zu erreichen, welche einen künstlerischen Mehrwert in dem Text und der Darbietung erkennen.

Daraus folgt eine enorme Bandbreite unterschiedlicher Textformen, welche bei einem Poetry Slam dargeboten werden und die man zwangsweise der Gattung Slam Poetry zuordnen muss. Allein die Eingrenzung und Analyse der Texte erfolgreicher *Slammer* bietet eine immense, unüberschaubare Vielfalt literarischer Formen und wird durch die subjektive Auswahl dem gesamten Phänomen Poetry Slam nicht gerecht. Trotzdem erkennt man Tendenzen in den Texten, welche sich aus der basalen Struktur des Eventformats ergeben:

1. *Die Zeit*: Slamtexte sind zeitlich begrenzt.
2. *Der akustische Raum:* Slamtexte werden oral aufgeführt und vom Zuschauer akustisch rezipiert.
3. *Der performative Charakter:* Beim Vortrag exisitert eine leibliche Ko-Präsenz zwischen Autor und Publikum und es entsteht eine wechselseitige Beeinflussung, was sich auf die Performanz des Stückes auswirkt und den performativen Charakter der Slamtexte ausmacht.
4. *Der Wettbewerbscharakter:* Der Wettbewerb beeinflusst die Produktion, Auswahl und Performanz der Stücke.

Die einzelnen Kriterien werden nun erläutert.

5.6 Die Zeit

Das wesentlichste Merkmal eines Slamtextes ist seine Kürze. Die quantitative Begrenzung des Textes ergibt sich aus dem Wettbewerbscharakter des Eventformats Poetry Slam. Um die Vorraussetzungen für alle Slammer gerecht zu gestalten, war es notwendig, jedem Teilnehmer dieselbe Vortragszeit einzuräumen. Die Aufmerksamkeitsspanne des Publikums kann sich jedoch nach drei Stunden aktiven Zuhörens sehr schnell erschöpfen und deshalb sind die meisten Veranstalter darauf bedacht, die Veranstaltung innerhalb von drei maximal vier Stunden zu beenden. Um einen Abend mit zehn bis zwölf Poeten mit einer Vorrunde, Finale und der Moderation innerhalb dieser Zeit abzuwickeln, ergibt sich zwangsweise eine Lesezeit von drei bis ca. sieben Minuten.

Es ginge für viele Zuschauer die Attraktivität des Slams verloren, wenn den Lesern mehr Zeit eingeräumt würde, da nicht jedem jeder Vortrag gefällt. Diese Zuschauer beruhigen ihr Unbehagen mit der Gewissheit, dass der Vortrag ohnehin nach Ablauf der Zeit beendet werden muss oder vom Moderator beendet wird. Die Anzahl der Zeichen eines Slamtexts wird somit durch die zeitliche Begrenzung auf ein bestimmtes Maß reduziert. Es kommt sehr oft vor, dass die *Slammer* ihren Text abbrechen müssen, weil sie die Zeit nicht einhalten oder Auszüge eines längeren Textes vorlesen und es bewusst in Kauf nehmen, irgendwann mitten im Vortrag unterbrochen zu werden, ohne die eigene künstlerische Kreation vollends vorgetragen zu haben. An dieser Stelle wird der Pragmatismus beim Poetry Slam deutlich. Um einen Abend für alle Teilnehmer gerecht und für die Masse der Zuschauer so angenehm wie möglich zu gestalten, ist es unabdingbar, bei dem Kriterium der zeitlichen Begrenzung pragmatisch zu handeln und dieses auch durchzusetzen.

Viele Slamveranstalter organisieren auch Lesebühnen, die als Satellitenveranstaltungen bei den Slams angekündigt werden. Hier werden von den Künstlern neue Texte ungezwungen ausprobiert und sie können Texte vorlesen, die mehr Vortragszeit beanspruchen. Die zeitliche Begrenzung ist das einzige Merkmal, welches alle bei einem Slam aufgeführten Texte betrifft.

Eigentlich kann jeder Mensch zu einem *Slammer* werden, man muss lediglich etwas schreiben und damit auf einem Slam auftreten. Durch diese Zugänglichkeit ergibt sich logischerweise eine unüberschaubare Menge unterschiedlicher literarischer Textsorten, welche man nur erschwert inhaltlich und stilistisch klassifizieren kann. Die schon veranschaulichte Problematik der Zweiteilung der Literatur in „hohe“ und „niedere“ Kunst verdeutlicht die Schwierigkeit der Literaturwissenschaft bei der Herstellung eines eindeutigen Gattungsbegriffs. Ein Haiku ist wie ein Sonett sofort erkennbar, weil es starren formalen Kriterien unterworfen ist.

Die Texte des Expressionismus, der Biedermeierzeit oder des Realismus lassen sich deshalb klassifizieren, weil man deutliche intertextuelle und stilistische Merkmale an ihnen ausmachen kann. Diese Texte wurden durch die Literaturwissenschaft gewissen Epochen oder Gattungen zugeordnet oder ihre Autoren sahen sich zum Teil von vornherein als Vertreter einer gewissen Bewegung an, was die Art und Weise der Sprachverwendung zu einem erheblichen Maß determinierte.

Boris Preckwitz beschreibt in seiner Publikation „Poetry Slam – Nachhut der Moderne. Eine literarische Bewegung als Anti-Avantgarde“ den Slam als „Anti-Avantgarde mit avantgardistischen Mitteln.“[219] Preckwitz erörtert dabei auf wenigen Buchseiten, dass die Netzwerkbildung, das öffentliche Erscheinungsbild und der performative Charakter der Slambewegung klare, avantgardistische Züge haben. Die Beobachtung dieser Ähnlichkeiten ist tendenziell richtig, aber es reicht nicht aus, um Slam in die Tradition der Avantgardebewegungen einzuordnen. Eines der wichtigsten Merkmale der Avantgardebewegungen ist ein innerhalb der einzelnen Bewegungen mehr oder weniger einheitliches Konzept der Sprachverwendung. Die explizit geforderte Verwendung ästhetischer Mittel und Taktiken der Montage, Collage, Verfremdung, Parodie und Ironie[220], also die Hervorhebung der Kunstmittel gegenüber dem Inhalt[221] und der damit einhergehende Angriff auf die Institution Kunst[222], unterscheiden sich drastisch von der Slambewegung. Die Slambewegung definiert sich über die Masse seiner unterschiedlichen Bestandteile und die Einbeziehung konträrer Ansichten über den Anspruch an Literatur. Aus diesem Grund gibt es beim Slam auch kein Postulat eines Manifestes, da dies nicht möglich ist.

Im Gegensatz dazu steht laut Delabar z. B. der Anspruch des Dadaismus: „Der Dadaismus war nicht zuletzt Ausdruck des Protests gegen die Inanspruchnahme der Individuen durch die Gesellschaft […]“[223]. Der Dadaismus tat dies durch seine Aufführungs-

219 Preckwitz, Boris: Slam Poetry – Nachhut der Moderne. Eine literarische Bewegung als Anti-Avantgarde. Magisterarbeit 1997. Books on Demand, S. 151.

220 Vgl. Schober, Anna: Ironie, Montage, Verfremdung. Ästhetische Taktiken und die politische Gestalt der Demokratie. München: Wilhelm Fink Verlag 2009, S. 361.

221 Vgl. Bürger, Peter: Theorie der Avantgarde. Frankfurt am Main: Suhrkamp Verlag 1974, S. 25.

222 Vgl. ebd., S. 29.

223 Delabar, Walter: Klassische Moderne. Deutschsprachige Literatur 1918-33. Berlin: Akademie Verlag 2010, S. 58

und Sprachform, welche sich bewusst den allgemeinen Verständniskategorien entzog und den Zuschauer schockieren sollte.

Die Slambewegung ist nicht das Produkt der Inanspruchnahme der Individuen durch die Gesellschaft, sondern die Einbeziehung der Individuen in das gesellschaftliche Leben innerhalb eines offenen Formats. Die Avantgardebewegungen sind in Bezug auf das Format Poetry Slam hauptsächlich deswegen von Bedeutung, weil sie eine wichtige Vorarbeit bei der Entstehung der Populärkultur geleistet haben, zu der das Phänomen Poetry Slam gehört.[224]

Die kurze Aufführungszeit ist das einzige „harte" Kriterium zur Klassifizierung von Texten innerhalb des Eventformates Poetry Slam. Alle weiteren Punkte sind „weiche" Kriterien, womit gemeint ist, dass sie unter bestimmten Faktoren, z. B. bei der Textproduktion und -rezeption, mehr oder weniger relevant sind.

5.7 Der akustische Raum

Die akustische Rezeption der Texte spielt insofern eine Rolle, als der Text der akustischen Situation des Aufführungsortes unterworfen ist. Eine unruhige Menschenmenge kann die Rezeption der Texte und somit die Qualität der Darbietung erheblich mindern, da die Zuhörer eventuell wichtige Passagen des Textes nicht mitbekommen und ihnen somit ein Teil des Textverständnisses entzogen wird.

Auch der Aufführungsraum spielt eine große Rolle. Eine verwinkelte Kneipe, in der während der Aufführung die Kaffeemaschine laut aufbrummt, erzeugt eine andere Atmosphäre als ein Theatersaal, welcher für Bühnenstücke konzipiert wurde. Jede Örtlichkeit hat ihre Vor- und Nachteile. Ein Theatersaal hat z. B. gute akustische und visuelle Qualitäten, jedoch kann eine Distanz zum Bühnenpoeten aufkommen, wohingegen eine enge Kneipe, in der sich die Zuschauer um den Poeten drängen oder sich teilweise auch

224 Vgl. Hecken, Thomas: Theorien der Populärkultur. Dreißig Positionen von Schiller bis zu den Cultural Studies. Bielefeld: Transcript Verlag 2007, S. 8.

auf der improvisierten Bühne befinden, eine nicht vergleichbare Unmittelbarkeit durch die Nähe zum Poeten entstehen lässt, was die Rezeptionsintensivität erhöhen kann. Die Poeten müssen sich für einen erfolgreichen Vortrag auf die akustische Komponente eines Slams einstellen. Viele Poeten spielen auch mit der Akustik, indem sie streckenweise ohne das Mikro agieren und ihren Text in den Raum rufen.[225] Hierbei wird das akustische Element von vornherein bei der Textproduktion berücksichtigt und kann daher als Merkmal zur Einordnung des Textes als Slamtext angeführt werden. Des Weiteren nutzen viele Poeten Klangverdichtungen, rhythmische Einheiten und die Nuancierung der Betonung, um die Stimmung oder den Inhalt der Texte zu paraphrasieren und um eine ganz bestimmte Atmosphäre zu erzeugen.

5.8 Der performative Charakter

Der performative Charakter der Texte kann nicht pauschalisiert zur Klassifizierung der Slam Poetry als eigenes Genre angewendet werden, da jeder Text, der im Rahmen des Poetry Slam aufgeführt wird, durch die leibliche Ko-Präsenz automatisch einen performativen Charakter erhält. Es kann nur unterschieden werden zwischen der bewussten, verstärkten Einsetzung performativer Elemente und einem unbewussten performativen Vortrag des Textes. Es gibt aber auch Autoren, die bewusst ihre performativen Elemente reduzieren, um eine Wirkung zu erzielen. Dieses Verhalten ist aber auch automatisch Teil einer Performance.

Der bewusste Einsatz performativer Elemente ist ein weiches Kriterium zur Klassifizierung oder Einordnung der Texte in das hypothetische Genre Slam Poetry, da sie nur audiovisuell vermittelt werden können. Um Slamtexte anhand ihres performativen Charakters als Genre einordnen zu können, ist es daher notwendig, sie nur audiovisuell zu rezipieren.

225 Vgl. z. B. Lars Ruppel mit seinem Text: „Für Gerlinde“.

Der performative Charakter kann zur Klassifizierung der Texte zum Genre Slam Poetry nur dann herangezogen werden, wenn die performativen Elemente als bewusst verwendeter Einsatz durch die Poeten vom Rezipienten erkannt werden können.

Dies sieht man z. B. daran, dass die Autoren exakt dieselbe Geste an derselben Stelle des Textes bei verschiedenen Aufführungen ausführen. Dies zeigt, dass die Texte zusammen mit der Körpersprache einstudiert wurden und somit ein Gesamtkonstrukt darstellen. Manche Texte ergeben teilweise keinen Sinn, wenn sie nicht entsprechend körperlich untermalt werden. Bei unbewusster Performance variiert der Einsatz performativer Elemente, da dem textlichen Zeichenträger kein visuelles Pendant zur Unterstützung oder Paraphrasierung bewusst zur Seite gestellt wurde.

Der Autor agiert unbewusst zu seinem Text und bei verschiedenen Aufführungen des Textes auf andere Art und Weise. Ein sehr gutes Beispiel für den bewussten Einsatz performativer Elemente ist die Einbeziehung des Publikums in den Text. Hierbei wird das Publikum vor dem Beginn des Stückes von dem Poeten dazu aufgefordert, auf Handzeichen oder bei speziellen Schlüsselwörtern ein Wort oder einen Satz zu rufen.[226]

Der Zuschauer wird in diesen Momenten zum Akteur und Teil des Gesamtkunstwerks.

5.9 Der Wettbewerbscharakter

Der Wettbewerbscharakter von Poetry Slam ist ein fundamentales Kriterium für das Bestehen des Eventformats Poetry Slam. Die Einbeziehung des Wettbewerbs in kulturelle Events ist ein gesamtgesellschaftliches Phänomen[227] und keineswegs neu. In sportlicher Hinsicht ist dies insbesondere durch die Olympiade wohlbekannt,

226 Vgl. z. B. Sebastian 23 mit seinem Text „Geh!".

227 Immer mehr erfolgreiche Fernsehformate nutzen den Wettbewerb zur Erhöhung der Spannung in ihren Sendungen. „Deutschland sucht den Superstar" ist z. B. eine der erfolgreichsten deutschen Sendungen und basiert auf der Bewertung künstlerischer Gesangsleistungen von unbekannten Laien.

aber die musischen Agone der Antike oder der Minnesang des Mittelalters beweisen, dass der Wettbewerb, angewendet auf die Sprachkunst, keine neue Idee ist.

Im Gegensatz zum Sport, wo meistens objektive Kriterien über den Sieger des Wettbewerbs entscheiden (bis auf einige Ausnahmen wie z. B. Kunstturnen, Eiskunstlauf, Turmspringen etc.), wird die Findung des Siegers bei künstlerischen Wettbewerben von subjektiven Kriterien dominiert. Das wird deutlich bei dem wohl bekanntesten Agon zwischen Homer und Hesiod.

Laut Alkidamas hatte dieses Aufeinandertreffen nur bedingt den Charakter eines Dichterwettkampfs, da nur ein Stück vortragen wurde und der Rest des Wettkampfes aus einem Frage- und Antwortspiel bestand. Obwohl Homer mit seinem Vortrag die Menge auf seine Seite zog, entschied Paneides, dass Hesiod den Agon gewonnen hat.[228] Der Grund für diese Entscheidung macht die Subjektivität bei der Bewertung von Sprachkunst deutlich: Paneides kürte Hesiod zum Sieger, weil sein Stück vom Frieden handelte, während Homer über den Krieg dichtete. Die inhaltliche Aussage des Textes war für Paneides schon Grund genug, um über Sieg und Niederlage zu entscheiden.

Der Mensch hat einen Hang zum Wettbewerb. Ob soziologische oder biologische Gründe diesen Hang generieren, ist in Bezug auf diese Magisterarbeit nicht von Relevanz. Ob der Wettbewerbscharakter des Poetry Slams ausreicht, um die Texte in ein Genre einordnen zu können, muss weiter untersucht werden.

Die Minnegesänge stellen ein eindeutig definiertes Genre dar, da sie klare thematische Vorgaben hatten.[229] Die Minnesänger sollten die Tugendhaftigkeit der Minne preisen oder den Fürsten bei Hofe loben. Diese thematischen Richtlinien und auch die struk-

228 Scheliha, Renata von: Vom Wettkampf der Dichter. Der musische Agon bei den Griechen. In: Castrum Peregrini, Heft 177–178, 36. Jahrgang 1987, Amsterdam, S. 33.

229 Ragotzky, Heda: zur Bedeutung des Minnegesangs als Institution am Hof. Neidharts Winterlied 29. In: Höfische Literatur, Hofgesellschaft, höfische Lebensformen um 1200. Hg. v. Gert Kaiser und Jan-Dirk Müller. Düsseldorf: Droste Verlag 1986, S. 471.

turellen Gemeinsamkeiten der Form der Minnegesänge erlauben eine Klassifizierung.

Solch eine inhaltliche und strukturelle Kohärenz ist bei Slamtexten nicht gegeben.[230] Es gibt zwar intertextuelle Bezüge zwischen den Schriftstücken und alltägliche Themen, die mehrfach verwendet werden, doch reichen diese geringfügig auffallenden Überschneidungen bei der Fülle der dargebotenen Texte als Klassifizierungsmerkmal nicht aus.

Da bei den Agonen eine Jury über den Sieger entscheidet und da es beim Minnegesang eine thematische und strukturelle Kohärenz gibt, sind diese historischen Dichterwettkämpfe nur bedingt mit dem heutigen Veranstaltungsformat Poetry Slam zu vergleichen. Die Wettbewerbssituation wirkt sich auf die Auswahl der Texte durch die *Slammer* aus. Die erfahrenen *Slammer* haben ihre Texte bei vielen Ausführungen ausprobiert und wissen, welche Texte besser beim Publikum ankommen. Sie wählen ihre Texte nach ihrem Startplatz und dem Publikum aus. Oft entscheiden die *Slammer* erst auf dem Weg zur Bühne, welchen Text sie präsentieren werden, weil sie sich nicht sicher sind, welcher Text am besten beim Publikum ankommt. Viele *Slammer* achten bei der Textproduktion darauf, dass ihr Text möglichst viele emotionale Affekte bei den Zuhörern auslöst. Die Spezialisierung auf eine verdichtete Affekterzeugung wurde hauptsächlich durch die Wettbewerbssituation während eines Poetry Slams erzeugt. Das Wettbewerbsprinzip von Poetry Slam wird neuerdings sehr erfolgreich auf andere Künste übertragen. So entstehen immer mehr Singer/Songwriter-Slams, bei denen Musiker mit ihren Stücken gegeneinander antreten. Darüber hinaus gibt es auch Varianten wie den Science-Slam, wo die Teilnehmer, möglichst unterhaltsam, eine wissenschaftliche Power-Point-Präsentation vorstellen müssen. Im Zeitalter von „Deutschland sucht den Superstar“ und als Merkmal einer leistungsorientierten Wettbewerbsgesellschaft, trifft das Prinzip des

230 Es gibt vereinzelt Slams mit thematischen oder strukturellen Vorgaben wie z. B. einen Erotik-Slam oder einen Mundart-Slam, diese finden aber nicht regelmäßig, sondern meistens in Rahmen der *GIPS* oder als Sonderveranstaltungen statt.

Wettbewerbs nicht nur beim Poetry Slam den Nerv der Zeit. Es kristallisiert sich heraus, dass sich die Paarung des Wettbewerbs zusammen mit der Partizipation des Publikums als ein erfolgreiches Modell in der Eventkultur etabliert hat und auf sämtliche künstlerische Gebiete übertragbar ist.

Die Bewertung durch das Publikum und die sich daraus ableitende Produktion von Texten mit affektiver Wirkung, unterstützt durch die Performance der Darbietung, ähnelt den Prinzipien der traditionellen Rhetorik. Im Gegensatz zum Agon in der Antike und dem Minnegesang im Mittelalter gibt es eine historische Situation der leiblichen Ko-Präsenz zwischen Redner und Publikum, welche sich noch besser mit dem heutigen Slam vergleichen lassen kann: die Rede vor dem Forum[231] im antiken Rom zu Lebzeiten Ciceros oder in der griechischen Antike. Hierbei versuchten die Redner und die antiken Anwälte ein Laienpublikum von der Schuld oder der Unschuld ihrer Mandanten zu überzeugen, wie Gabler ausführt:

> Die Darstellung der antiken Rhetorik ging von Ciceros Definition des öffentlichen Urteils aus, das er in einem allen Menschen gemeinsamen innerlichen Gefühl begründet sah und dessen intuitiver Reaktion er auch dann Treffsicherheit zuerkannte, wenn sie ohne Kenntnis der Kunstregeln erfolgte. In den konkreten Situationen, in denen er sich zu bewähren hat, weiß sich der Redner unmittelbar auf den Beifall des Volkes angewiesen. Mit seinen Praktiken trägt er diesen realen Gegebenheiten ebenso Rechnung wie durch die Einschätzung der der Rede adäquaten Bewertungskriterien, die ihrerseits gänzlich aus dem rhetorischen Verfahren ableitbar sind: das sinnliche Laienurteil wird als einzig gültiger Schiedsspruch akzeptiert.[232]

Falls ein *Slammer* die Bühne betritt mit dem Anspruch, den Poetry Slam auch zu gewinnen, sollte er die größtmögliche Wirkung beim Publikum erzeugen. Die pragmatische Wirkungsästhetik der traditionellen Rhetorik, die von den Rednern bei den öffentlichen antiken Gerichtsverhandlungen verwendet wurde, bietet die

231 Gabler, Hans-Jürgen: Geschmack und Gesellschaft, S. 9.
232 Ebd., S. 24.

höchste Kongruenz aller historischen Vergleiche mit der Wettbewerbssituation der *Slammer* heute. Slam Poetry setzt durch seinen affektiven Charakter, trotz aller Veränderungen, welche durch die Genieästhetik den gesamten Komplex der Literatur beeinflusst haben, wieder an den Prinzipien der antiken Rhetorik an:

> Die Kategorie des Angemessenen erweist sich so als die rhetorische Komponente, die die meisten Elemente subjektiver Unbestimmbarkeit und historisch-sozialer Gebundenheit in sich enthält. Mit ihr bekennt sich die Rhetorik überdies erneut zu ihrem eigentlichen Ziel, das nicht darin besteht, zur Einsicht und zur richtigen Beurteilung des Wahren zu verhelfen, sondern die vertretene Sache so darzustellen, daß mit ihrer Wahrscheinlichkeit auch ihre Glaubwürdigkeit beim Zuhörer gesichert ist: es geht ihr weniger um die Sache selbst als um die von ihr hervorgerufene Wirkung.[233]

Ob Slam Poetry ein eigenes Genre ist, kann weder verneint noch bejaht werden. Bei einer leiblichen Ko-Präsenz zwischen Autor und Publikum entfalten die Texte eine performative Ebene, welche bei einer klassischen Textrezeption eines Lesers nicht vorhanden ist. Die Performativität ist ein einzigartiges Merkmal von Slamtexten, aber dieser Umstand genügt nicht, um ein Genre zu bilden. Man kann sagen, dass Poetry Slam jeden Text zu einem Text im Bereich des Genre Slam Poetry transformiert, sobald er auf einem Poetry Slam aufgeführt wird. Die performativen Faktoren, die einen Text im Moment des Vortrages beeinflussen, gelten bei der Aufführung, unabhängig davon, ob performative Mechanismen eingebaut wurden oder nicht, für jeden Text.

Zusammenfassend kann man sagen, dass Poetry Slam durch seinen offenen Charakter einen Hybrid aus Veranstaltungsformat und selbstständigem Genre darstellt. Die Menge der unterschiedlichen Texte erlaubt jedoch keine eindeutige einheitliche Klassifizierung, obwohl es die in den vier Punkten erläuterten Tendenzen gibt.

233 Ebd., S. 21.

6 Schlussbetrachtung

Die orale westliche Gesellschaft im Elektronikzeitalter, die Entwicklungen der Bühnenkunst nach der performativen Wende bis zur Gegenwart, das Spannungsverhältnis zwischen hoher und niederer Kunst, die gesamtgesellschaftlichen Prozesse (wie z. B. die Individualisierung und die Herausbildung von Sekundärgruppen), weitere soziologische Faktoren (Gruppendynamik, Gemeinschaftsgefühl etc.) und noch viele andere Einzelkriterien haben die Entstehung, die Entwicklung und die Form des heutigen Veranstaltungsformats Poetry Slam und somit auch des hypothetischen Genres Slam Poetry geprägt und verursacht.

Ziel dieser Arbeit war es auch, aufzuzeigen, dass Poetry Slam kein isoliertes Phänomen in der kulturellen Landschaft Deutschlands ist, sondern als Gegenstand des popkulturellen Diskurses analysiert werden kann.

Poetry Slam wird in der Zukunft sicherlich ein beliebtes Thema wissenschaftlicher Arbeiten in den verschiedenen Bereichen der Wissenschaften werden. Das Phänomen bietet der Wissenschaft zahlreiche Anknüpfungspunkte und kann nach multiplen Faktoren untersucht werden. Ich denke auch, dass sich Poetry Slam als Veranstaltungsformat in Deutschland etabliert hat und gerade, weil es ein Veranstaltungsformat ist und keine literarische Bewegung, nicht mehr verschwinden wird. Die Themen, Texte und Sprachexperimente werden vielleicht neue Wege gehen, jedoch wird sich im Endeffekt immer die Kunstform durchsetzen, die auch das Publikum will.

Literaturverzeichnis

A

Adorno, Theodor W.: Kulturindustrie. Aufklärung als Massenbetrug. In: Dialektik der Aufklärung. Gesammelte Schriften Band 3. Hg. v. Max Horkheimer und Theodor W. Adorno. Frankfurt am Main: Suhrkamp Verlag 1981, S. 141–192.

Assmann, Aleida: Erinnerungsräume – Formen und Wandlungen des kulturellen Gedächtnisses. München: Verlag C. H. Beck 1999.

Assmann, Aleida: Einführung in die Kulturwissenschaft. 2. Auflage. Berlin: Erich Schmidt Verlag 2008.

Assmann, Jan: Das kulturelle Gedächtnis. 6. Auflage. München: Verlag C. H. Beck 1992.

B

Benjamin, Walter: Der Erzähler. In: Gesammelte Schriften. Band 2.2. Hg. v. Rolf Tiedemann. Frankfurt am Main: Suhrkamp Verlag 1977, S. 438–465.

Benjamin, Walter: Das Kunstwerk im Zeitalter seiner technischen Reproduzierbarkeit. Drei Studien zur Kunstsoziologie. Frankfurt am Main: Suhrkamp Verlag 1977, S. 7–45.

Bonz, Jochen: Sampling. Eine postmoderne Kulturtechnik. In: Kulturschutt – über das Recycling von Kulturen. Hg. v. Christoph Jacke, Eva Kimminich, Siegfried J. Schmidt. Bielefeld: Transcript Verlag 2006, S. 333–353.

Böttcher, Bas: Die Poetry-Slam-Expedition. Braunschweig: Schroedel Verlag 2009.

Brecht, Bertolt: Radiotheorie. In: Schriften zur Literatur und Kunst. Band 1. Berlin und Weimar: Aufbau-Verlag 1966.

Bürger, Christa: Philosophische Ästhetik und Populärästhetik. Vorläufige Überlegungen zu den Ungleichzeitigkeiten im Prozeß der Institutionalisierung der Kunstautonomie. In: Zum Funktionswandel der Literatur. Hg. v. Peter Bürger. Frankfurt am Main: Suhrkamp Verlag 1983, S. 107–127.

Bürger, Peter: Theorie der Avantgarde. Frankfurt am Main: Suhrkamp Verlag 1974.

Bylanzky, Ko: Die unvollendete Geschichte des Poetry-Slams in Zahlen und Fakten – von den Anfängen bis heute. In: Böttcher, Bas: Die Poetry-Slam-Expedition. Braunschweig: Schroedel Verlag 2009, S. 106–121.

C

Cicero: De Oratore. Über den Redner. 5. Auflage. Stuttgart: Reclam Verlag 2003.

Coburn-Staege, Ursula: Der Rollenbegriff. Ein Versuch der Vermittlung zwischen Gesellschaft und Individuum. Heidelberg: Quelle und Meyer Verlag 1973.

D

Delabar, Walter: Klassische Moderne. Deutschsprachige Literatur 1918-33. Berlin: Akademie Verlag 2010.

Deutsche Literaturgeschichte. 7. Auflage. Hg. v. Wolfgang Beutin. Stuttgart: Metzler Verlag 2008.

Diller, Ansgar: Rundfunkgeschichte. In: Was sie über Rundfunk wissen sollten. Hg. v. ARD und ZDF. Mainz: VISTAS Verlag 1997, S. 311–369.

F

Feldmann, Klaus: Soziologie Kompakt. Eine Einführung. 4. Auflage. Wiesbaden: VS Verlag für Sozialwissenschaften 2006.

Fischer-Lichte, Erika: Ästhetik des Performativen. Frankfurt am Main: Suhrkamp Verlag 2004.

Flusser, Vilem: Medienkultur. Frankfurt am Main: Fischer Verlag 1997.

Forgas, Joseph P.: Soziale Interaktion und Kommunikation. Weinheim: Psychologie Verlags Union 1999.

G

Gabler, Hans-Jürgen: Geschmack und Gesellschaft. Frankfurt am Main: Verlag Peter Lang 1982.

Gebhardt, Winfried: Feste, Feiern und Events. In: Events. Soziologie des Außergewöhnlichen. Band 2. Hg. v. Winfried Gebhardt, Ronald Hitzler, Franz Liebl. Opladen: Verlag Leske und Budrich 2000, S. 17–37.

Geisenhanslüke, Achim: Einführung in die Literaturtheorien. 4. Auflage. Darmstadt: Wissenschaftliche Buchgesellschaft 2007.

Goffmann, Erving: Verhalten in sozialen Situationen. Strukturen und Regeln der Interaktion im öffentlichen Raum. Gütersloh: Bertelsmann Fachverlag 1971.

Goody, Jack: Literalität in traditionalen Gesellschaften. Frankfurt am Main: Suhrkamp Verlag 1981.

H

Handbuch des Buchhandels. Band 1. Hg. v. Horst Machill. Hamburg: Verlag für Buchmarkt-Forschung 1974.

Havelock, Eric A.: Als die Muse schreiben lernte. Frankfurt am Main: Verlag Anton Hain 1992.

Haymes, Edward: Das mündliche Epos. Stuttgart: Metzler Verlag 1977.

Hecken, Thomas: Theorien der Populärkultur. Dreißig Positionen von Schiller bis zu den Cultural Studies. Bielefeld: Transcript Verlag 2007.

Hecken, Thomas: Pop. Geschichte eines Konzepts 1955–2009. Bielefeld: Transcript Verlag 2009.

Heydebrand, Renate von und Winko, Simone: Einführung in die Wertung von Literatur. Paderborn: Verlag Ferdinand Schöningh 1996.

Hickethier, Knut: Gibt es ein medientechnisches Apriori? Technikdeterminismus und Medienkonfiguration in historischen Prozessen. In: Medienentwicklung und gesellschaftlicher Wandel. Hg. v. Markus Behmer, Friedrich Krotz, Rudolf Stöber, Carsten Winter. Wiesbaden: Westdeutscher Verlag GmbH 2003, S. 39–53.

J

Jung, Werner: Poetik. Eine Einführung. München: Wilhelm Fink Verlag 2007.

K

Kausch, Michael: Kulturindustrie und Populärkultur. Frankfurt am Main: Fischer Taschenbuch Verlag GmbH 1988.

Kleindienst, Robert: Beim Tode! Lebendig! Paul Celan im Kontext von Roland Barthes' Autorenkonzept. Eine poetologische Konfrontation. Würzburg: Verlag Königshausen & Neumann, 2007.

Kloock, Daniela und Spahr, Angela: Medientheorien. Eine Einführung. München: Wilhelm Fink Verlag 2007.

Krotz, Friedrich: Zivilisationsprozess und Mediatisierung: Zum Zusammenhang von Medien- und Gesellschaftswandel. In: Medienentwicklung und gesellschaftlicher Wandel. Hg .v. Markus Behmer, Friedrich Krotz, Rudolf Stöber, Carsten Winter. Wiesbaden: Westdeutscher Verlag 2003, S. 15–39.

M

Marcuse, Herbert: Der eindimensionale Mensch. Studien zur Ideologie der fortgeschrittenen Industriegesellschaft. Hg. v. Heinz Maus und Friedrich Fürstenberg. Neuwied und Berlin: Hermann Luchterhand Verlag 1967.

McLuhan, Marshall: Die Gutenberg-Galaxis: das Ende des Buchzeitalters. Bonn, Paris, Reading. Mass. [u. a.]: Addison – Wesley 1995.

Medienentwicklung und gesellschaftlicher Wandel. Hg v.. Markus Behmer, Friedrich Krotz, Rudolf Stöber, Carsten Winter. Wiesbaden: Westdeutscher Verlag 2003.

Meier, Ulrich: Soziologische Bemerkungen zur Institution Kunst. In: Zum Funktionswandel der Literatur. Hg. v. Peter Bürger. Frankfurt am Main: Suhrkamp Verlag 1983. S. 33–61.

Mersch, Dieter: Ereignis und Aura. Untersuchungen zu einer Ästhetik des Performativen. Frankfurt am Main: Suhrkamp Verlag 2002.

N

Nusser, Peter: Trivialliteratur. Stuttgart: Metzler Verlag 1991.

O

Ong, Walter J.: Oralität und Literalität. Die Technologisierung des Wortes. Opladen: Westdeutscher Verlag 1987.

P

Platon: Phaidros. In: Meisterdialoge. Zürich und München: Artemis Verlag 1974.

Poetry Slam. Was die Mikrofone halten. Poesie für das neue Jahrtausend. Hg. v. Ko Bylanzky und Rayl Patzak. Riedstadt: Ariel-Verlag 2000.

Preckwitz, Boris: Slam Poetry – Nachhut der Moderne. Eine literarische Bewegung als Anti-Avantgarde. Magisterarbeit 1997. Books on Demand.

Preckwitz, Boris: Spoken Word & Poetry Slam. Kleine Schriften zur Interaktionsästhetik. Wien: Passagen Verlag 2005.

R

Ragotzky, Heda: zur Bedeutung des Minnegesangs als Institution am Hof. Neidharts Winterlied 29. In: Höfische Literatur, Hofgesellschaft, höfische Lebensformen um 1200. Hg. v. Gert Kaiser und Jan-Dirk Müller. Düsseldorf: Droste Verlag 1986, S. 471–490.

S

Scheliha, Renata von: Vom Wettkampf der Dichter. Der musische Agon bei den Griechen. In: Castrum Peregrini, Heft 177–178, 36. Jahrgang 1987, Amsterdam.

Schmidt, Siegfried J.: Die Selbstorganisation des Literatursystems im 18. Jahrhundert. Frankfurt am Main: Suhrkamp Verlag 1989.

Schmidt, Siegfried J.: Medienentwicklung und gesellschaftlicher Wandel. In: Medienentwicklung und gesellschaftlicher Wandel. Hg .v. Markus Behmer, Friedrich Krotz, Rudolf Stöber, Carsten Winter. Wiesbaden: Westdeutscher Verlag 2003, S. 135–153.

Schober, Anna: Ironie, Montage, Verfremdung. Ästhetische Taktiken und die politische Gestalt der Demokratie. München: Wilhelm Fink Verlag 2009.

Schücking, Levin L.: Soziologie der literarischen Geschmacksbildung. Bern: Francke Verlag 1961.

Schulze, Gerhard: Die Erlebnis-Gesellschaft: Kultursoziologie der Gegenwart. 8. Auflage, Studienausgabe. Frankfurt am Main und New York: Campus Verlag 2000.

Shusterman, Richard: Unterhaltung: Eine Frage für die Ästhetik. In: Kulturschutt – über das Recycling von Kulturen. Hg. v. Christoph Jacke, Eva Kimminich, Siegfried J. Schmidt. Bielefeld: Transcript Verlag 2006, S. 70–97.

Sidran, Ben: Black Talk. Hofheim: Wolke Verlag 1985.

Steinert, Heinz: Die Entdeckung der Kulturindustrie oder: warum Herr Professor Adorno Jazz-Musik nicht ausstehen konnte. Wien: Verlag für Gesellschaftskritik 1992.

Stoessel, Marleen: Aura. Das vergessene Menschliche. Zur Sprache und Erfahrung bei Walter Benjamin. München: Carl Hanser Verlag 1983.

T

Taylor, Charles: Das Unbehagen an der Moderne. Frankfurt am Main: Suhrkamp Verlag 1995.

U

Ueding, Gert: Niemand kann ein größerer Redner sein als der Hörer. Über eine Rhetorik des Hörens. In: Über das Hören. Hg. v. Thomas Vogel. Tübingen: Attempto Verlag 1996, S. 45–69.

W

Waldmann, Günter: Theorie und Didaktik der Trivialliteratur. München: Wilhelm Fink Verlag 1973.

Westermayr, Stefanie: Poetry Slam in Deutschland. Theorie und Praxis einer multimedialen Kunstform. Marburg: Tectum Verlag 2004.

Bei Lektora erschienen

Franziska Holzheimer

Strategien des Authentischen
Herausforderungen einer literaturwissenschaftlichen Auseinandersetzung mit Literatur sekundärer Oralität am Beispiel von Slam Poetry

In diesem wissenschaftlichen Werk zum Thema Poetry Slam stellt die Autorin und Poetry-Slammerin Franziska Holzheimer eine Definition von Slam Poetry vor. Diese wird am Diskurs zu Performance-Poesie sowie an Analysen von Slam Poetry Performances belegt. Die Genreproblematik von Slam Poetry und Spoken Word Poetry wird erstmalig auf den Punkt gebracht.

Franziska Holzheimer (*1988 Unterfranken) ist Lyrikerin, Texterin und Poetry Slammerin. Ihre Gedichte, auf Deutsch und Englisch verfasst, klingen von selbst. Holzheimer war Finalistin bei den deutschsprachigen Meisterschaften im Poetry Slam und spielte in der „Abwehr" bei der „Slam the WM"-Tour im Rahmen der Fußballweltmeisterschaft der Frauen 2011. Sie ist Gast auf Festivals und Messen, in Radio und Fernsehen und leitet Performance- und Lyrik-Workshops für Schüler.

ISBN 978-3-95461-026-6
17,80 Euro

www.lektora-verlag.de/shop

Bei Lektora erschienen

Alexander Willrich

Poetry Slam für Deutschland – Die Sprache. Die Slam-Kultur. Die mediale Präsentation. Die Chancen für den Unterricht.

Alexander Willrichs Slam-Theorie-Buch „Poetry Slam für Deutschland – Die Sprache. Die Slam-Kultur. Die mediale Präsentation. Die Chancen für den Unterricht.“ richtet sich insbesondere an Lehrerinnen und Lehrer, die das Thema Poetry Slam in Theorie und Praxis in ihren Unterricht integrieren möchten. Das Werk untersucht die Sprache und Stilmittel der Poeten, liefert ein hilfreiches Unterrichtskonzept inklusive zahlreicher Arbeitsblätter für die Gestaltung des Unterrichts an Sonderschulen, Realschulen und Gymnasien. Eine Unterrichtseinheit zum Thema Poetry Slam bietet die Möglichkeit, viele Kompetenzen zu erwerben – sei es das Schreiben, das Überarbeiten, das Recherchieren, der Umgang mit den neuen Medien, die Verbesserung der Aus- und Körpersprache oder die selbstsichere Präsentation der eigenen Person.

Dieses Buch richtet sich insbesondere an Lehrerinnen und Lehrer, die das Thema Poetry Slam in Theorie und Praxis in ihren Unterricht integrieren möchten. Das Werk liefert ein hilfreiches Unterrichtskonzept für Sonderschule, Realschule und Gymnasium.

ISBN 978-3-938470-47-3
19,80 Euro

www.lektora-verlag.de/shop